Viktor E. Frankl

O que não está *escrito* nos meus livros

MEMÓRIAS

Copyright da edição brasileira © 2. revised edition 1995 München: Quintessens MMV Medizin-Verlag
Copyright © 1996 Psychologie Verlags Union, Weinheim
Copyright da edição brasileira © 2010 É Realizações Editora
Título original: *Was nicht in meinen Büchern steht. Lebenserinnerungen*

*Editor*
Edson Manoel de Oliveira Filho

*Produção editorial, sobrecapa e projeto gráfico*
É Realizações Editora

*Capa*
Pedro Lima

*Revisão técnica*
Heloísa Reis Marino

*Revisão*
Nelson Luis Barbosa, Jessé de Almeida Primo e Liliana Cruz

*Crédito de imagem da capa*
Copyright @ by Ivan Bliznetsov | Dreamstime.com

Reservados todos os direitos desta obra. Proibida toda e qualquer reprodução desta edição por qualquer meio ou forma, seja ela eletrônica ou mecânica, fotocópia, gravação ou qualquer outro meio de reprodução, sem permissão expressa do editor.

DADOS INTERNACIONAIS DE CATALOGAÇÃO NA PUBLICAÇÃO (CIP)
(CÂMARA BRASILEIRA DO LIVRO, SP, BRASIL)

Frankl, Viktor E., 1905-1997
   O que não está escrito nos meus livros : memórias / Viktor E. Frankl, tradução de Cláudia Abeling – São Paulo : É Realizações, 2010.

   Título original: Was nicht in meinen Büchern steht. Lebenserinnerungen.
   ISBN 978-85-88062-85-6

   1. Frankl, Viktor E., 1905-1997  2. Logoterapia  3. Psicanalistas - Áustria - Autobiografia  4. Psicoterapistas - Áustria - Autobiografia  I. Título.

10-04658                                                                                          cdd-150.195092

Índices para catálogo sistemático:
1. Psicanalistas austríacos : Autobiografia    150.195092

É Realizações Editora, Livraria e Distribuidora Ltda.
Rua França Pinto, 498 · São Paulo SP · 04016-002
Telefone: (5511) 5572 5363
atendimento@erealizacoes.com.br · www.erealizacoes.com.br

Este livro foi reimpresso pela Mundial Gráfica em janeiro de 2024. Os tipos são da família Minion Pro e Freebooter Script Regular. O papel do miolo é o Lux Cream LD 70 g, e o da capa, Ningbo C2S 250 g.

VIKTOR E. FRANKL

# O que não está *escrito* nos meus livros

MEMÓRIAS

Tradução de Cláudia Abeling

5ª impressão

É Realizações
Editora

Frankl em 1954. Óleo sobre tela de Florian Jakowitsch

# SUMÁRIO

Prefácio ........................................................................................................... 7
Apresentação ................................................................................................ 13

Os pais ........................................................................................................... 17
Minha infância ............................................................................................. 25
Razão .............................................................................................................. 33
... e emoção .................................................................................................. 35
Sobre o humor ............................................................................................. 39
*Hobbies* ........................................................................................................ 45
Tempo de escola ......................................................................................... 51
Envolvimento com a psicanálise ............................................................ 53
Psiquiatria como escolha profissional .................................................. 57
A influência do médico ............................................................................. 61
Questões filosóficas ................................................................................... 63
Fé .................................................................................................................... 65
Encontro com a psicologia individual .................................................. 69
Os primórdios da Logoterapia ................................................................ 75
Teoria e prática: centros de aconselhamento juvenil ...................... 81
Anos de aprendizagem de um médico ................................................. 87
A "Anexação" ............................................................................................... 91

Resistência à eutanásia .................................................................................. 97

O visto de saída ............................................................................................ 99

Tilly ............................................................................................................ 101

Campo de concentração ............................................................................ 107

Deportação ................................................................................................ 109

Auschwitz .................................................................................................. 111

Sobre a "culpa coletiva" ............................................................................ 121

A volta para Viena .................................................................................... 123

Sobre escrever ........................................................................................... 129

Repercussão dos livros e artigos ............................................................... 133

Encontros com filósofos importantes ....................................................... 135

Conferências no mundo todo ................................................................... 139

Sobre envelhecer ....................................................................................... 147

Audiência com o papa .............................................................................. 149

O ser humano que sofre ........................................................................... 153

Comentários finais .................................................................................... 157

Sobre Viktor Frankl .................................................................................. 159

# Prefácio

Quando uma pessoa se depara com uma obra que agrega à sua vida profundidade e significado, é muito natural que ela busque conhecer o autor e também aquilo que o motivou a criar tal obra-prima. Nasce o desejo de conhecer o momento vivido, a experiência tocada pelo autor.

Este é o livro que relata as memórias de Viktor Emil Frankl, importante psiquiatra e neurologista de Viena, que viveu praticamente em todo o século XX, momento histórico que foi berço de muitas grandes obras que enriqueceram a humanidade.

A obra apresentada foi sendo composta por ele ao longo da sua existência e publicada por ocasião do seu 90º aniversário.

Hoje, quinze anos depois de sua publicação, é lançada também no Brasil.

Viktor Frankl já não está mais entre nós, porém é possível através desta sua autobiografia nos aproximar de sua maneira de viver e pensar, conhecer aquilo que ele quis de alguma forma deixar registrado, à medida que vivia.

Sua vida foi marcada por grandes momentos de superação, tanto na puberdade, quando "teve de lutar muito contra o sentimento de que tudo era um completo sem-sentido", como nos campos de concentração pelos quais passou, onde se propôs a "continuar a viver e agir acreditando no amanhã" enquanto existia a esperança de sobreviver. Assim sua luta se tornou uma determinação na superação do niilismo e consequentemente se tornou a construção e desenvolvimento de sua obra.

A Logoterapia, "Terceira Escola de Psicoterapia de Viena", é a obra-prima de Viktor Emil Frankl, sendo impossível falar da pessoa de Frankl sem passar pela sua Logoterapia.

A sua obra é uma grande contribuição para o ser humano de hoje, não só pela sua proposta de re-humanização da psicoterapia, colocando no seu centro a específica capacidade humana da autotranscendência, que mobiliza o ser humano a viver "por algo" ou "por alguém". Não só por "apelar à missão, à ética e responsabilidade" dos profissionais a fim de ajudar o ser humano a realizar as possibilidades de seu ser, como ele mesmo diz: "o barro nas mãos do oleiro".

Mas trata-se de uma obra que atravessa os tempos e mantém-se atualíssima porque aponta um novo caminho para a existência humana, tornando-a mais plena e autêntica, destacando o seu "dever-ser". Ensina a verdadeira atitude de tolerância que respeita e acolhe o inviolável valor de cada pessoa, traz de volta a esperança, mostra ao ser humano que sempre é possível dar uma resposta diferente para decidir livremente em cada momento como construir sua própria história, enfatizando o seu "poder-ser".

A Análise Existencial revela a essência do ser humano como ser livre e responsável, considerando no centro de sua antropologia a dignidade da pessoa, a consciência do seu ser responsável, e especialmente o sentido do sofrimento, diversamente de todas as outras teorias da psicologia. Lembra ao ser humano que as adversidades fazem parte da vida e que desenvolver a capacidade de sofrer é inerente à natureza humana, possibilitando-lhe, portanto, crescer, amadurecer e viver o que é próprio de sua essência, realizando mesmo em condições menos favoráveis o sentido da vida.

A verdadeira grande obra, porém, como Frankl ensina, é o próprio homem, a grandeza de sua existência, de sua vida, e a forma como ele conduz e constrói essa vida e essa história.

Frankl, em um dos seus livros (*Homo Patiens*), quando aborda a importância e a nobreza de viver, sofrer e morrer, segundo os valores em que se acredita; quando trata da "imperativa necessidade espiritual do ser humano de encontrar o sentido de sua vida e de seu sofrimento" acima de qualquer outra autorrealização;

e ao *proclamar* a dignidade do ser humano defendendo o incondicional sentido que toda existência tem, escreve em uma nota:

> Escrever um livro não é uma grande coisa, saber viver é muito mais e ainda mais é escrever um livro que ensine a viver. Mas o máximo é viver uma vida sobre a qual se possa escrever um livro

"... o máximo é viver uma vida sobre a qual se possa escrever um livro..." Viktor Frankl escreveu vários livros. Também soube viver os seus 92 anos intensamente. Em todos os seus livros ensinou muito sobre como viver a vida descobrindo toda a sua plenitude de sentido. E sem dúvida, mais do que tudo, conduziu sua vida de uma forma que muitos livros já foram escritos sobre ela.

Realmente sua vida é sua obra!

Nela encontramos a síntese da sua teoria. Ele nos conta como desde muito pequeno já se deparava com aquela busca de sentido que acompanha cada ser humano desde o primeiro até o último instante de sua vida, e como esta busca foi marcante na sua puberdade e juventude. A partir dela pôde delinear o caminho que trilharia para ajudar os outros. Também relata seu trabalho, seus feitos, suas descobertas, sua contribuição na história da psicoterapia e sua missão como médico. Conta-nos sobre seu relacionamento com a família, pessoas significativas, personalidades e o que vivenciou nesses encontros. Revela a sua capacidade de transformar o seu "experimentum crucis" num grande aprendizado, num verdadeiro amadurecimento. Em sua vida podemos identificar sua *busca de sentido*; a realização de valores em suas *ações*, em suas *relações* e na sua *atitude diante do sofrimento*.

Uma das coisas mais importantes que Viktor Frankl nos deixou com a sua Análise Existencial e Logoterapia foi a defesa do valor, da dignidade e sentido incondicional da vida de cada pessoa. Para podermos descobrir essa realidade, outra coisa que nos ensina é a importância do "encontro". Este só acontece entre pessoas, sendo o mais belo caminho para realização de sentido da existência humana. A pessoa pode enriquecer a sua interioridade com a riqueza que o outro é, através das vivências. Para isso, é preciso estar aberto para acolher o outro, que gratuitamente se dá ao também abrir-se para o encontro, ao se dar a conhecer.

Esta obra autobiográfica permite que o leitor se "encontre" com Viktor Frankl em diversas fases de sua vida: o menino Viktor no calor do afeto familiar vivencia o valor de um vínculo tão profundo; o jovem Viktor, que desde muito cedo, ainda adolescente, já se empenha em sair de si, buscando conhecer a alma humana, e se compromete com os problemas de seu tempo; e o homem que lutou por seus pacientes, que foi experimentado pela dor, que sofreu o inferno das injustiças, mas que mesmo assim não perdeu o seu olhar para a verdadeira essência do ser humano; que descobriu que perdoar é muito mais humano e não guardou rancor de tudo que lhe aconteceu, ao contrário, procurou o sentido de seu sofrimento e com ele cresceu.

Este homem que acredita no sentido da vida e luta para vencer dentro de si o vazio, mesmo quando – tendo perdido tudo – o que lhe restava era literalmente só a esperança. Este homem já amadurecido, que é grato pela graça que a vida lhe concede de poder viver um pouco mais e que, vivendo, completa e nos deixa a sua obra. E por trás do homem de pensamento filosófico profundo e de honestidade e coerência científica, simplesmente o ser humano que com espontaneidade quer partilhar o que viveu e como viveu a vida que poderia ser a de cada um de nós.

Quem pôde encontrar pessoalmente com Viktor Frankl descobriu nele aquela serenidade de quem sabe por que vive e ao mesmo tempo aquela força e convicção de quem sabe ter por missão ajudar os outros a descobrir o sentido, o porquê de suas vidas.

Este livro, que reúne esses apontamentos autobiográficos, com suas memórias, é uma possibilidade única de encontro "pessoal" com Viktor Frankl. Aqui temos um pouco do que ele viveu: seus anseios e descobertas, suas experiências e encontros, seus sonhos, realizações, princípios e paixões. Esta obra traz parte de seu sofrimento e angústias, mas também muito do seu amor e emoções. Coisas não escritas, nem mencionadas em outros livros ou lugares, aqui foram generosamente reveladas pelo autor, permitindo assim que o leitor possa encontrá-lo e conhecê-lo um pouco mais em suas reflexões e vida. Muitas pessoas já foram inspiradas e ajudadas com a vida, reflexões, e com a Análise Existencial e Logoterapia de Viktor Frankl.

Felizmente agora podemos ter também em português esta autobiografia de uma vida tão significativa como a dele.

E ainda como apêndice desta edição em português, o editor nos traz a transcrição de uma célebre entrevista feita pela TV canadense, na série *Man Alive*, onde de forma muito espontânea e direta Frankl expõe a sua visão sobre o ser humano e os problemas de nosso tempo. Nela ele responde sobre temas como o sentido e o vazio existencial; a realização de valores e o sentido do sofrimento; a transitoriedade da vida e a relação entre religião e psicoterapia; a neurose coletiva e a autotranscendência. Enfim, posiciona-se sobre temas da vida cotidiana que também nos permitem conhecer um pouco mais do seu pensamento e teoria.

Que a leitura deste livro possa ser um verdadeiro encontro com Viktor Emil Frankl: um homem amadurecido pelo sofrimento e "apaixonado" – no sentido mais profundo do termo – pela vida.

Boa leitura! Bom encontro!

*Heloísa Reis Marino*
No 105º ano do nascimento de Viktor E. Frankl
São José dos Campos, 26 de março de 2010

# Apresentação

Testemunha do século XX, fundador de uma linha psicoterapêutica própria e símbolo do inconcebível: a sobrevivência nos campos de concentração dos nazistas – Viktor E. Frankl é tudo isso. Nascido em 1905, em Viena, Frankl observa retrospectivamente quase um século inteiro, no qual viveu, sofreu e que, por meio do trabalho de sua vida, ajudou a modelar.

Apresentamos suas memórias por ocasião do seu 90º aniversário, em 26 de março de 1995. Durante anos, Viktor E. Frankl anotou episódios de sua vida, sem ter como objetivo sua publicação. Depois de seus escritos, quase exclusivamente científicos, estarem em circulação, ele decidiu organizar uma obra pessoal como seu 31º livro, que traz os encontros e os acontecimentos de sua vida. O caráter associativo dessas memórias foi conscientemente mantido, de maneira que temos uma imagem viva de uma das grandes personalidades da história humanística do século XX.

O livro foi produzido em estreita colaboração com a editora. Apesar de sua idade avançada e sem recuar por causa de problemas de saúde, Viktor E. Frankl trabalhou neste livro com força e dedicação total, e conseguimos prepará-lo para seu aniversário de 90 anos.

Nesse sentido, temos de agradecer em primeiro lugar à sua esposa, Elli Frankl, que não apenas digitou o original, como também esteve à disposição do marido em todas as fases do processo editorial. Além disso, agradecemos a Harald Mori, que também foi de vital importância para a produção do livro. Um agradecimento especial é voltado, claro, ao autor, que possibilitou este trabalho.

*Martina Gast-Gampe*
Munique, fevereiro de 1995

Os pais, noivos (1901)

# Os pais

Minha mãe era originária de uma família aristocrata de longa data estabelecida em Praga. O poeta alemão Oskar Wiener,[1] nascido em Praga (cuja figura foi imortalizada no romance de Meyrink,[2] *O Golem*), era seu tio. Eu o vi morrer, quando já estava cego havia tempo, no campo de Theresienstadt. É preciso acrescentar que minha mãe descende de Rashi,[3] que viveu no século XII, mas também de "Maharal",[4] o famoso "rabino chefe Loew", de Praga. Desse modo, eu seria a 12ª geração depois de "Maharal". Isso tudo está descrito na árvore genealógica que certa vez tive a oportunidade de estudar.

Quase vim ao mundo no famoso Café Siller, em Viena. Foi lá que minha mãe sentiu as primeiras contrações, numa bela tarde primaveril de domingo, em

---

[1] Oskar Wiener, *4.3.1873 Praga, deportado em 20.4.1944. Poeta, narrador-contista, redator de cadernos culturais e editor (*Alt-Prager Guckkasten*).

[2] Gustav Meyrink, *19.1.1868 Viena, †4.12.1932 Starnberg. Escritor austríaco, colaborador de *Simplicissimus*, autor de romances fantásticos nos moldes de E. T. A. Hoffmann e E. A. Poe. Obra mais conhecida: *Der Golem* (1915). [trad. bras.: *O Golem*. São Paulo: Hemus, 1973.]

[3] Rashi, *1040 Troyes, †1105 na mesma localidade. Nome verdadeiro: Salomo ben Isaak, intérprete judeu da Bíblia e do Talmude. A "letra de Rashi", um tipo de letra própria, usada especialmente para os comentários sobre a Bíblia e o Talmude, foi batizada assim em sua homenagem.

[4] Maharal. "Ma Ha Ral" era a abreviação usada na literatura hebraica para o título oficial "Morenu H-rab Rabbenu" de Judá Ben Betzalel Loew, chamado popularmente de "rabino chefe" Rabi Loew, e significa algo como: "Nosso mestre, o rabino Loew".

26 de março de 1905. Meu aniversário cai no mesmo dia da morte de Beethoven; por essa razão, um colega de escola certa vez comentou, maldosamente:

– Um desastre raramente vem desacompanhado.

Minha mãe era uma pessoa boníssima e muito devota. Assim, não consigo entender por que, quando criança, eu era tão levado, como me disseram. Pequeno, só adormecia depois de ser embalado por ela com *Lang, lang ist's her* [*Aconteceu há muito, muito tempo*] – o texto não tinha importância. Ela me contou que não parava de cantar "*So sei doch schon ruhig, du elendiger Kerl – lang, lang ist's her, lang, lang ist's her*" ["Fique quieto, menino terrível – aconteceu há muito, muito tempo] etc. A melodia, entretanto, precisava ser certa.

Elsa, mãe de Frankl, vestida de acordo com a moda da época

Gabriel, pai de Frankl, como aluno do ensino médio, por volta de 1879

Eu era tão ligado à casa de meus pais que sofri terrivelmente de saudades durante as primeiras semanas e meses – até anos – quando tive de pernoitar nos diversos hospitais onde trabalhava. Primeiro, eu ainda tentava dormir em casa uma noite por semana; depois, uma vez por mês; e finalmente, em todos os meus aniversários.

Depois que meu pai morreu em Theresienstadt e fiquei sozinho com minha mãe, resolvi beijá-la sempre que a encontrasse e sempre que ela se despedisse de mim, para garantir que se algum dia algo nos separasse, teríamos nos despedido e partido de bem um com o outro.

E no momento em que isso realmente aconteceu, quando fui levado a Auschwitz com minha mulher Tilly e me despedi de minha mãe, pedi-lhe no último instante: "Me abençoe, por favor". E nunca esquecerei como ela disse com um grito que saiu de muito fundo, e que só posso chamar de apaixonado: "Sim, sim, eu te abençoo" – e daí me abençoou. Isso foi mais ou menos uma semana antes de também ela ter sido levada a Auschwitz e de lá diretamente às câmaras de gás.

Pensei muito em minha mãe enquanto estive no campo, mas sempre que imaginava como seria revê-la, surgia a ideia, que não conseguia demover, de que a única coisa apropriada a fazer seria, como se costuma dizer tão bem, ajoelhar-me a seus pés.

Se eu disse que minha mãe era uma pessoa boníssima e muito devota, as características de meu pai, por sua vez, tendiam mais para seu oposto. Sua noção de vida era espartana e ele mantinha uma ideia semelhante a respeito do dever. Tinha seus princípios e a eles era fiel. Eu também sou perfeccionista e fui criado por ele para ser assim. Às sextas-feiras à noite, meu irmão (mais velho) e eu éramos obrigados por nosso pai a ler um poema em hebraico em voz alta. E se cometêssemos um erro – o que acontecia quase sempre –, não éramos punidos, mas não havia recompensa. Essa nos era dada apenas quando conseguíamos ler o texto de maneira absolutamente perfeita. Valia dez heller,[5] mas só os ganhávamos algumas vezes por ano.

Poderíamos chamar a noção de vida de meu pai não apenas de espartana, mas também de estoica, caso ele não tendesse também à irascibilidade. Num acesso de fúria, certa vez, ele acabou quebrando um cajado ou bengala enquanto batia em mim. Apesar disso, sempre o vi como a personificação da Justiça. E ele também sempre nos transmitia muita segurança.

No fim das contas, sou mais parecido com meu pai. As características que herdei de minha mãe devem ter criado uma tensão na minha estrutura de caráter com aquelas do meu pai. Certa vez, fui avaliado por um psicólogo da clínica psiquiátrica do hospital universitário em Innsbruck com um teste de Rorschach; ele afirmou que nunca havia visto tal amplitude entre extrema racionalidade, de um lado, e profunda emotividade, de outro. A primeira devo ter herdado de meu pai; a segunda, de minha mãe – é o que suponho.

---

[5] Heller, a centésima parte da coroa, moeda corrente na Áustria até 1923. (N. T.)

Meu pai era originário do sul da Morávia, que na época fazia parte do Império Austro-Húngaro. Como filho sem recursos de um mestre encadernador, ele passou fome até completar os créditos da Faculdade de Medicina, mas depois teve de abandonar os estudos e entrar no serviço público, chegando a ser diretor do Ministério de Administração Social. Antes de morrer de inanição no campo de Theresienstadt, o diretor do Ministério foi flagrado certa vez catando restos de cascas de batatas de um barril vazio. Mais tarde, quando saí do campo de concentração de Theresienstadt, passei por Auschwitz e cheguei até Kaufering, onde passamos uma fome terrível, pude entender meu pai: ali era eu que estava escavando um pedaço minúsculo de cenoura do chão congelado – com as unhas.

Por algum tempo meu pai foi secretário particular do ministro Joseph Maria von Bärnreither.[6] Esse ministro escreveu um livro sobre a reforma da execução penal e sua experiência pessoal a respeito, que adquiriu nos Estados Unidos. Na sua propriedade ou no seu castelo na Boêmia, ele ditava o livro para meu pai, que tinha sido estenógrafo do Parlamento durante dez anos. Certa vez ele percebeu que meu pai sempre se esquivava quando era convidado a comer, e perguntou-lhe o motivo. Meu pai lhe explicou que apenas se alimentava de comida *kosher* – até a Primeira Guerra Mundial, nossa família realmente seguia esse preceito. Depois disso, o ministro Bärnreither ordenou que sua carruagem descesse a cada dois dias até uma cidadezinha nas proximidades e trouxesse comida *kosher* para meu pai, para que ele não precisasse mais passar a apenas pão, manteiga e queijo.

No Ministério onde meu pai trabalhava por essa época, havia um chefe de departamento que lhe pediu um registro estenográfico de uma sessão. Meu pai recusou-se, alegando que o dia em questão seria o principal feriado judaico, o Yom Kippur. Nesse dia de jejum de 24 horas, as pessoas rezam e, evidentemente, não podem trabalhar. O chefe de departamento ameaçou meu pai com uma advertência disciplinar. Mesmo assim, meu pai manteve sua decisão e recusou-se a trabalhar no feriado judaico, em razão disso acabou recebendo uma punição por indisciplina.

---

[6] Joseph Maria von Bärnreither, *12.4.1845 Praga, †19.9.1925 Teplitz. Político austríaco, deixou valiosas memórias de caráter histórico.

Os pais de Frankl durante a Segunda Guerra Mundial

De modo geral, meu pai era religioso, mas nunca abriu mão de ter seus pensamentos críticos. Por pouco ele não teria sido o primeiro judeu liberal eminente na Áustria, ou um representante daquilo que mais tarde seria chamado nos Estados Unidos de "judaísmo reformado". E apesar de minhas restrições quanto ao que disse sobre princípios, tenho de acrescentar algo a respeito do que disse sobre o estoicismo: quando marchávamos da estação Bauschowitz até o campo Theresienstadt, ele colocou seus últimos pertences numa grande caixa de chapéu, que carregava às costas. E quando as pessoas estavam quase entrando em pânico, ele dizia sorrindo algumas vezes para elas:

– Mantenham o ânimo, Deus já vai dar um jeito.

Essas são algumas lembranças de minha origem caracterológica.

No que diz respeito às origens de meu pai, seus ascendentes deviam ser da Alsácia-Lorena. No tempo em que Napoleão, em uma de suas campanhas, entrou marchando na cidade natal de meu pai, no sul da Morávia (a meio caminho de Viena até Brünn) e seus granadeiros estavam aquartelados por lá, um desses soldados foi falar com uma moça, indagando-lhe sobre um determinado nome. Ela disse que se tratava da própria família. Ele se alojou com essa família, e disse que era originário da Alsácia-Lorena e que seus familiares haviam lhe passado a incumbência de procurar pela família da moça e enviar-lhe cumprimentos. A emigração desses ascendentes deve ter ocorrido por volta de 1760.

Entre as coisas que eu consegui contrabandear para o campo Theresienstadt havia uma ampola de morfina. Eu a apliquei em meu pai quando vi, como médico, que ele estava diante do edema pulmonar terminal, ou seja, a dificuldade respiratória extrema antes da morte. Ele estava com 81 anos e totalmente desnutrido. Apesar disso, foram necessárias duas pneumonias até que sua vida se fosse.

Eu perguntei a ele:

– Você ainda está com dores?

– Não.

– Você tem mais algum desejo?

– Não.

– Você quer me dizer mais alguma coisa?

– Não.

Então o beijei e fui embora. Sabia que não mais o veria com vida. Apesar de tudo, minha sensação era a mais maravilhosa possível: havia cumprido a minha parte. Havia ficado em Viena por causa dos meus pais, e o acompanhara até a morte, poupando-o de um sofrimento desnecessário.

Durante seu período de luto, minha mãe foi visitada pelo rabino checo Ferda, que conhecia bem meu pai. Eu estava presente quando Ferda, que a estava consolando, disse achar que meu pai tinha sido um *zaddik* – ou seja, "um justo". Então eu tinha razão quando pressentia, ainda criança, que a justiça era uma das características de meu pai. Seu senso de justiça devia, porém, estar enraizado na fé na Justiça Divina. Pois, de outro modo, não é possível imaginar que as palavras que eu o ouvia repetir inúmeras vezes tivessem se transformado em seu lema pessoal:

– Como Deus quer, eu aceito.

# Minha infância

Voltemos ao ponto de partida, o meu nascimento. Nasci na Czerningasse 6 e, se me recordo bem, meu pai disse certa vez que o Dr. Alfred Adler, o fundador da Psicologia Individual, havia morado por um tempo na Czerningasse 7, quer dizer, bem à nossa frente.

Ou seja, o lugar de nascimento da Terceira Escola Vienense de Psicoterapia, a Logoterapia, não é muito distante do lugar de nascimento da segunda escola, a Psicologia Individual de Adler.

Viena, Czerningasse 6 – casa onde Frankl nasceu

É preciso apenas seguir um trechinho na Praterstraβe [rua do Prater], do outro lado do mesmo conjunto de casas, para chegarmos à casa onde foi composto o hino não oficial da Áustria, a valsa *Danúbio azul*, por Johann Strauss.

A Logoterapia surgiu então na casa onde nasci. Mas os livros que publiquei foram escritos na casa onde passei a viver desde que voltei a Viena. E como meu escritório possui um ressalto em semicírculo, certa vez chamei-o de "semissala de partos", fazendo uma brincadeira com a palavra "sala de partos",[1] porque nele os meus livros são ditados sob contrações.

Viena, Mariengasse 1 – Viktor Frankl morou desde 1945 nesta casa.
O escritório ficava no ressalto

---

[1] Jogo de palavras: *Kreißsaal*, ou sala de partos, significa literalmente "sala circular". (N. T.)

Talvez meu pai tenha ficado satisfeito ao ver que aos três anos de idade eu já estava decidido a me tornar médico. Mesclei os ideais profissionais em voga na minha época, marinheiro ou oficial, com meu ideal de ser médico, querendo às vezes chegar a cargo de médico de bordo, noutras, médico militar. Mas, além da prática, a pesquisa também me interessou precocemente. Pelo menos ainda me vejo aos quatro anos falando para minha mãe:

– Já sei, mamãe, como descobrir remédios: é só juntar pessoas que querem se matar e que por acaso estão doentes, e damos a elas de comer e de beber todas as coisas possíveis. Por exemplo, graxa de sapato ou petróleo. Se elas continuarem vivas, então descobrimos o remédio certo para as suas doenças!

E mesmo assim, meus adversários me acusam de ser pouco dado a experiências!

Também deve ter sido aos quatro anos que levei um susto, um pouco antes de adormecer, perturbado pela ideia de que algum dia eu também teria de morrer. Durante toda a minha vida, porém, nunca tive medo da morte. Ocupava-me muito mais com outra coisa: a questão de se a transitoriedade da vida lhe roubava o sentido. E a resposta à questão, a resposta que eu finalmente achei, foi a seguinte: em alguns aspectos, é a morte que faz que a vida tenha, enfim, um sentido. O principal, porém, é que a transitoriedade da existência não pode tirar o sentido da vida, porque nada está irrecuperavelmente perdido no passado, mas tudo está colocado a salvo por lá. Ou seja, o passado é capaz de resguardar e de preservar a transitoriedade. Independentemente do que tenhamos feito e criado, do que tenhamos vivido e experimentado, nós o salvamos no passado, e nada nem ninguém é capaz de destruí-lo.

Quando eu era criança, ficava mortificado pelo fato de a Primeira Guerra Mundial ter me impedido de realizar dois desejos que me eram caros à época: gostaria de ter sido escoteiro e de ter uma bicicleta. Entretanto, nessa época aconteceu algo que eu jamais ousaria: entre centenas de garotos que povoavam os parquinhos da cidade, somente eu consegui dominar o fortão da turma numa luta, mantendo-o imobilizado com uma "gravata".

Na minha mocidade, sempre desejei poder escrever um conto. Seu enredo seria o seguinte: alguém procura febrilmente por uma agenda de anotações perdida. Finalmente, essa lhe é devolvida, e aquele que a encontrou quer saber, afinal, o que significam aquelas estranhas anotações na parte do calendário. Descobre-se então que se trata de códigos, com os quais o dono da agenda pretendeu registrar acontecimentos especialmente felizes em determinados dias de sua vida, aos quais ele chama de "feriados particulares". No dia 9 de julho, por exemplo, está escrito "Estação de Brünn". O que isso queria dizer? Foi num dia 9 de julho que ele, na época uma criança de dois anos, por um instante sem a atenção dos pais, conseguiu descer da plataforma até os trilhos e sentou-se um pouco antes da roda de um vagão. Ao soar o sinal de partida, os pais foram procurá-lo e encontraram-no ali. O pai arrancou-o dos trilhos exatamente no momento em que o trem se pôs em movimento. É preciso ter sorte! Graças a Deus, eu a tive quando menino, pois a "criança" do conto era, na realidade, eu mesmo!

Na infância, o sentimento de amparo que experimentava não vinha, evidentemente, de reflexões e estudos filosóficos, mas do ambiente no qual eu vivia. Eu devia ter uns cinco anos, – e considero essa lembrança infantil paradigmática – quando acordei numa manhã ensolarada na cidade de veraneio chamada Hainfeld. Com os olhos ainda fechados, fui tomado por uma inexplicável sensação de conforto e felicidade, sentindo-me seguro, cuidado e protegido. Ao abrir os olhos, deparei com meu pai curvado sobre mim, sorrindo.

Algumas observações sobre meu desenvolvimento sexual ainda me ocorrem. Eu era um garotinho quando, durante uma excursão da família no Wienerwald, meu irmão mais velho e eu encontramos um pacote com uma porção de cartões postais com fotos pornográficas. Não ficamos espantados, nem horrorizados. Apenas não conseguíamos entender por que minha mãe nos arrancou com tamanha pressa as fotos das mãos.

Mais tarde – eu devia estar com oito anos –, percebi que tudo que tinha algum caráter sexual era envolto numa aura de segredo. A culpada era nossa atraente empregada, maravilhosa e atrevida, que se oferecia sexualmente ao meu irmão e a mim, às vezes a nós dois juntos, outras em exclusividade a um ou outro. Podíamos tirar suas roupas de baixo e brincar com sua genitália. Para nos provocar, por vezes ela fazia de conta, por exemplo, que estava dormindo, deitada no chão. Além disso, sempre avisava a nós, garotos, *post festum*, que não podíamos contar nada aos nossos pais; a brincadeira tinha de ser um segredo entre nós três.

Durante anos tremi ao fazer algo que julgasse errado – quero dizer, alguma traquinagem não sexual –, pois a empregada me repreendia, levantando o indicador e dizendo:

– Vicki, seja comportado ou vou contar à sua mamãe o segredo!

Essas palavras bastavam para me manter incondicionalmente à sua mercê, até que certo dia ouvi minha mãe perguntar a ela:

– Afinal, que segredo é esse? – E a empregada respondeu: – Ah, nada de mais, ele comeu geleia fora de hora.

Seu cuidado em relação à possibilidade de *eu* dar com a língua nos dentes não era tão despropositado assim.

Lembro-me ainda exatamente quando, certo dia, disse ao meu pai:

– Papai, eu *não* disse ao senhor que a Marie foi andar comigo de carrossel no Prater.

Dessa maneira eu queria comprovar minha discrição. Imagine eu dizendo:

– Papai, eu *não* disse ao senhor que ontem brinquei com a genitália da Marie.

Frankl (ao centro), com o irmão Walter e a irmã Stella

Cedo ou tarde, evidentemente, as relações entre sexo e casamento se tornaram claras para mim, e isso aconteceu antes ainda de eu ter consciência das relações entre sexo e reprodução. Eu devia estar no ginásio quando me propus, assim que me casasse, a fazer de tudo para não adormecer à noite, ou pelo menos não rápido demais, pois eu não queria perder aquilo que chamavam de "deitar-se com". Será que as pessoas são tão idiotas, eu pensava, e abrem mão de desfrutar de algo tão belo indo dormir? Vou desfrutar disso acordado – essa era minha proposição.

Numa outra cidade de veraneio, Pottensein, havia uma educadora que era amiga dos meus pais, e por isso tinha muito contato conosco, os filhos. Ela gostava de me chamar de "pensador", provavelmente porque eu não parava de lhe fazer perguntas. Eu queria saber coisas dela, cada vez mais, durante todo o tempo. Não acredito que tenha sido um grande pensador. Mas certamente fui, talvez, um *pensador persistente, que esmiúça tudo até o fim.*

A família Frankl em 1925: Viktor, Gabriel, Elsa, Stella, Walter

Durante meus anos de juventude, por muito tempo tomei o café da manhã (ou melhor, só o café) na cama, e em seguida permanecia na cama por mais alguns minutos, pensando sobre o sentido da vida e, especialmente, o sentido do dia por vir – melhor dizendo, seu sentido *para mim*. Não sei se podemos chamar isso de ficar matutando, mas seria possível chamar também de autorreflexão na melhor tradição socrática.

Aqui me lembro o que aconteceu no campo de concentração de Theresienstadt: um professor de Praga tinha testado o QI de alguns colegas, e eu me saí com um resultado acima da média. Naquela época, fiquei triste, pois pensava que alguma outra pessoa poderia efetivamente vir a utilizar tal quociente de inteligência, enquanto eu não teria mais chances e iria acabar morrendo no campo.

Já que estamos falando de inteligência: sempre achei engraçado perceber que uma ideia que já tinha me ocorrido acabava sendo apresentada por outros, bem mais tarde. Isso não me incomodava muito, porque, enquanto os outros tinham de se esforçar tanto e publicar alguma coisa, eu tinha a consciência de ter descoberto, sem me esforçar tanto, a mesma coisa que os outros, agora famosos por suas publicações. Na verdade, não me incomodaria nem se alguém recebesse o Nobel por minhas ideias.

# Razão...

Como perfeccionista que sou, tendo sempre a exigir muito de mim mesmo. Isso, evidentemente, não quer dizer que eu sempre atenda às minhas próprias exigências. Mas, na medida do possível, vejo aí o segredo de meus eventuais sucessos. Quando alguém me pergunta qual é a chave, costumo responder:

– Tenho comigo um princípio: emprego nas coisas pequenas o mesmo cuidado que nas grandes, e encaro as grandes com a mesma tranquilidade que as pequenas.

Ou seja, se quero fazer algumas observações sobre um determinado tema, anoto cada uma e passo a trabalhar sobre elas. Mas se tenho de apresentar uma conferência diante de milhares de pessoas e o texto foi montado com cuidado e as observações estão previamente anotadas, falo então com a mesma tranquilidade como se estivesse me dirigindo a meia dúzia de pessoas, durante uma discussão mais reservada.

E mais: não faço tudo de última hora; ao contrário, tento fazer tudo antecipadamente, o mais cedo possível. Assim, tenho certeza de que quando estiver muito atarefado, não terei de lidar com a pressão de algo que ainda não está pronto, além do trabalho em si. E o terceiro princípio é o seguinte: não apenas fazer o mais cedo possível, mas fazer sempre o que considero desagradável antes do agradável. Resumindo: superar. Claro que não foi sempre que consegui seguir meus princípios. Quando era um jovem médico nos hospitais Maria Theresien-Schlössel e Steinhof, passava o domingo assistindo a teatro de variedades. Gostava muito do programa, mas ficava sempre com a consciência pesada, pois deveria estar sentado em casa, registrando minhas ideias, a fim de publicá-las.

Desde que estive no campo de concentração, isso mudou. Quantos finais de semana já não sacrifiquei desde então, a fim de ditar meus livros! Aprendi a economizar o tempo. Sim, sou avarento com o tempo. Mas isso é apenas para que eu sempre disponha de tempo para as coisas essenciais.

Tenho, porém, de confessar que ainda continuo cometendo infidelidades em relação aos meus princípios. Claro que fico bravo comigo quando isso acontece – costumo dizer: tão bravo, que passo dias sem me dirigir a palavra.

# ... e emoção

Disse que sou um racionalista, ou seja, um homem da razão. Mas também assinalei que sou um homem de emoções.

Durante a Segunda Guerra Mundial, antes ainda de entrar no campo de concentração, à época das eutanásias dos doentes mentais, tive um sonho que mexeu muito comigo. Profundamente compadecido dos doentes mentais, sonhei certa noite que algumas pessoas se dirigiam à câmara de gás para a eutanásia, e eu espontaneamente me juntei a elas. Percebe-se um paralelo com a ação do famoso pediatra polonês Janusz Korczak, que decidiu acompanhar os órfãos a ele confiados até a câmara de gás. Ele o fez, eu apenas sonhei.

Digo apenas que posso compreendê-lo muito bem. Um pouco antes, afirmei reconhecer apenas poucas boas características em mim, talvez a única seja a de não esquecer de alguém que me fez algo de bom e não guardar rancor de quem me fez algo de ruim.

Quais foram meus desejos na vida? Lembro-me de, quando estudante, querer possuir mais do que possuía, ou seja, um carro próprio, uma casa própria, e a habilitação para ser professor universitário. Consegui o carro, não a casa (mas comprei uma casa para nossa filha, quer dizer, para sua família). Também consegui a habilitação para ensinar no curso superior, aliás com o título de professor universitário extraordinário.

O que mais quero? Posso explicitar exatamente: adoraria ter sido o primeiro a escalar algo. Fui convidado para uma expedição dessas, por meu colega de alpinismo Rudolf Reif. Mas eu não conseguia tirar férias do hospital Steinhof.

As três coisas mais emocionantes que existem, na minha opinião, são: *ser o primeiro a escalar algo, jogar num cassino* e *uma neurocirurgia*.

Como vimos, em geral costumo superar as ofensas – talvez graças a uma pitada de *ars vivendi*. Sempre aconselho os outros a fazerem aquilo que se tornou um princípio para mim: quando algo me atinge, eu me ajoelho – claro que apenas na imaginação – e peço que no futuro *nada pior* venha a me acontecer.

Afinal, não existe uma hierarquia apenas dos valores, mas também dos não valores, de que devemos nos lembrar nessas horas. Li uma frase num banheiro do campo de Theresienstadt que dizia assim: "Não se importe, sente-se sobre tudo e alegre-se com cada merda". Ou seja, pelo menos aquele que quer viver bem precisa enxergar o lado positivo das coisas.

Frankl com seu colega de alpinismo Rudi Reif

Não se trata, porém, apenas daquilo que queremos evitar no futuro, como no citado lema, mas também daquilo de que fomos poupados no passado. Mas todos deveriam também agradecer por esses acasos da sorte e sempre se lembrar deles: deveriam instituir dias comemorativos e festejá-los como o homem e sua agenda perdida do qual falei antes.

E eu queria escrever mais um conto, bem curto – eu era bem jovem, talvez com apenas treze ou quatorze anos. A história era a seguinte: um homem descobre uma droga, e aquele que a ingerir se torna especialmente sensato. A indústria farmacêutica disputa a descoberta e procura seu cientista, mas não o encontra, porque ele havia tomado a droga e ficado tão sensato, que acabou fugindo da autoexposição, retirando-se à solidão numa floresta. Resumindo, ele se tornou sábio e não queria saber da exploração comercial de sua descoberta. Nunca escrevi esse conto, mas, em seu lugar, compus dois poemas dos quais ainda me lembro; devia ter uns quinze anos à época. Um deles era mais ou menos assim:

> Mir ward vom Sein und Leben
> ein Traum:
> Zwei Sterne sah ich schweben
> im Raum;
> Sie wollten werden beide
> ein Eins.
> Dies Wollen ward zum Leide –
> des Scheins!
> Sie mussten kleiner werden,
> doch fern
> sah ich die beiden werden
> ein Stern.[1]

---

[1] Tradução livre: "Do ser e da vida / sonhei: / vi duas estrelas flutuando / no espaço; / ambas queriam se tornar / uma só. / Esse querer se tornou uma perda / do brilho! / Elas tiveram de diminuir, / mas ao longe / vi as duas se tornarem / uma só estrela". (N. T.)

Várias vezes consegui convencer as pessoas de que o segundo poema era uma citação do *Vedanta*,[2] ou seja, metafísica e mística indiana. Era algo como:

> *Mein Gesicht hat sich von Fesseln befreit;*
> *Ringend entwandt er sich Raum und Zeit,*
> *Entschlief in unendliche Ewigkeit,*
> *Ergoss sich in ewige Unendlichkeit*
> *Und sank auf den Grund allen Seins*
> *Als alles umfassendes Eins.*[3]

Vale a pena não ser somente inteligente, mas também ter presença de espírito. Por exemplo, durante a prova oral para o doutorado em Patologia, o professor Maresch me perguntou como surge uma úlcera de estômago. Eu lhe respondi citando uma determinada teoria, que ainda me lembrava das anotações. Em seguida, ele disse:

– Sim, mas há também outras teorias. Você conhece algumas delas?
– Sim, certamente – respondi, apresentando-lhe outra teoria.
– E qual é seu autor? – ele queria saber.

Fiquei gaguejando desorientado, até que ele me ajudou, dizendo um nome famoso qualquer.

– Claro – disse –, como pude me esquecer disso?

Na realidade, eu havia inventado a teoria inteira durante a prova, sem ter nenhuma noção dela.

---

[2] Vedanta, um dos seis clássicos sistemas da filosofia hindu, originalmente nome de um upanishad do fim do Veda.

[3] Tradução livre: "Meu rosto se livrou das amarras / lutando arrancou espaço e tempo / morreu numa eternidade infinita / verteu-se numa eterna infinitude / e desceu até a base do todo ser / como o que tudo unifica". (N. T.)

# Sobre o humor

Observações engraçadas podem também levar a jogos de palavras, podem criá-los. Rudolf Reif, o famoso alpinista, que durante muito tempo foi meu colega de escaladas, havia sido chefe dos guias de escalada no clube alpino Donauland antes da Segunda Guerra Mundial. Quando o clube organizava saídas de escalada com ele e comigo, ele costumava me chamar – o psiquiatra – de "médico de loucos". Na época, eu era médico do hospital psiquiátrico "Am Steinhof". De todo modo, ele nunca me chamava de doutor, apenas de médico de loucos. Até que um dia, minha paciência chegou ao fim e disse a ele, na frente de todos os outros membros do clube:

– Preste atenção, senhor Reif, se o senhor continuar me chamando de médico de loucos, vou chamá-lo sabe de quê? De "Steinhofreif".[1]

Como disse, o nome dele era Reif, e em Viena era comum chamar alguém que parecia estar louco, ou seja, pronto para ser internado num hospital psiquiátrico, de "steinhofreif". Dali em diante, o senhor Reif passou a me chamar unicamente de doutor.

Jogos de palavras podem também dar origem a neologismos, ou seja, a criação de novas palavras. Pouco depois da Segunda Guerra Mundial, eu recebi um convite de um grupo com ambições literárias para participar de uma reunião onde alguém lia sua mais recente produção. Meu falecido primo Leo Korten, que trabalhava na BBC de Londres, sussurrou para mim: "Kafka". Ele queria dizer que

---

[1] Além de sobrenome da pessoa em questão, "*reif*", como adjetivo, significa "maduro". No contexto, "*steinhofreif*" seria algo como "no ponto de entrar no hospital Steinhof". (N. T.)

se tratava de uma imitação do estilo de Kafka por meio de um epígono de Kafka. Respondi-lhe, também sussurrando:

– Sim, mas Neskafka.[2]

Em 1961, lecionando em Harvard como professor visitante, a porta da classe ficou aberta porque estava muito quente. De repente, um cachorro entrou na sala, olhou em volta e, depois de alguns segundos, voltou a sair. Todos o acompanharam com o olhar, incluindo eu. Todos estavam tão espantados que nem tivemos tempo para rir – até que fui o primeiro a achar as palavras e dizer: "Eu chamaria isso de cãoterapia" – a aula, até aquele momento, estava focada na Logoterapia.

É difícil de acreditar, mas até nos campos de concentração apareciam aqui e ali jogos de palavras ou a criação de novas palavras engraçadas. Em Theresienstadt, para chegar ao pequeno quarto que eu dividia com meia dúzia de outros médicos num quartel, era preciso passar por outros quartos. Estava escuro, mas quando eu abri a porta do nosso quarto, a luz iluminou esse quarto de passagem, e pude enxergar que um colega, na cama com sua namorada – tratava-se de um radiologista de Praga –, ficou um tanto constrangido. Falei:

– Desculpe, caro colega, eu o acordei com?[3]

Mais tarde, ele me deu um tapa – acho que injustamente, pois não sei se é uma ofensa à honra supor que alguém tenha dormido com sua namorada.

Outros neologismos são absolutamente legítimos. Enquanto eu não tinha carro, dizia sempre: "Sabe, eu costumo andar de heteromóvel, quer dizer, não com meu próprio carro, mas com o de uma outra pessoa, que me leva de carona".

Às vezes é possível criar um jogo de palavras sem neologismos, por exemplo quando sou convidado a voltar a encher minha xícara de chá, e recuso com a seguinte observação:

– Sou monoteísta. Bebo sempre apenas *uma* xícara de chá.[4]

---

[2] Ao juntar o nome do café solúvel (*Nescafé*) com o sobrenome do escritor tcheco – Neskafka –, Frankl sugere que o pretenso autor que se apresentava era apenas mais um produto de série. (N. T.)

[3] No original, o autor usa o verbo, por ele criado, "*beiwecken*" em oposição ao termo "*Beischlaf*" [relação sexual], que poderia ser traduzido literalmente por "dormir com". (N. T.)

[4] No original, o autor joga com o termo alemão "*Tee*", que no português é "chá". (N. T.)

Claro que podemos usar não apenas palavras isoladas, como também uma série delas para esses jogos. Conheci uma pessoa que me contou que tinha se convertido ao catolicismo apenas como protesto contra Hitler e o nazismo, e que acabou se tornando padre, até que, por fim, descobriu que o catolicismo – não menos que o nazismo – era um totalitarismo. Tenho de registrar que o homem se converteu à Igreja Católica e se batizou apenas antes de ingressar na Faculdade de Teologia. De todo modo, eu concluí, compreensivo:

– Resumindo, você quer dizer que foi da chuva à goteira.[5]

Sabemos que observações espirituosas podem suavizar uma palestra e dificultar a posição de um oponente numa discussão posterior à palestra em questão. Na palestra de abertura do chamado Steirischen Herbstes[6] em Graz, eu queria demonstrar que estava apto a falar tanto no nível da medicina quanto no da filosofia, mas não queria supervalorizar meus títulos em medicina e filosofia. Por isso, disse:

– Senhoras e senhores, vocês sabem que eu tenho formação tanto em medicina quanto em filosofia, mas costumo ocultar isso. Pois conhecendo meus colegas de Viena, ninguém vai dizer que Frankl é um duplo doutor, mas sim um meio-médico.

E no que diz respeito a debates, fui provocado – para não dizer atacado – por um jovem ao final de uma palestra em Munique, na Academia de Belas Artes:

– Senhor Frankl, o senhor fala de sexualidade, mas como um professor que fica o dia todo metido em seminários ou que está lotado de aulas pode levar uma vida sexual saudável e natural, ou pelo menos compreendê-la?

– Meu caro amigo – repliquei –, sua observação me lembra uma antiga piada vienense: alguém encontra um padeiro e descobre que ele tem dez filhos. E daí pergunta: "Mas afinal, quando é que o senhor faz seus pães?".

O público riu. E continuei:

– O senhor está fazendo algo parecido. Duvida que alguém siga suas responsabilidades acadêmicas durante o dia e consiga à noite levar uma vida sexual normal.

---

[5] A expressão é "*Vom Regen in die Traufe kommen*", literalmente "sair da chuva e ficar na goteira", ou seja, sair de uma situação desagradável para entrar em outra mais desagradável ainda, "ir de mal a pior". A graça está na semelhança entre as palavras *Traufe* [goteira] e *Taufe* [batismo]. (N. T.)

[6] "Steirischer Herbst" em Graz, festival de cultura com exposições etc.

Agora as risadas estavam a *meu* favor.

Numa outra ocasião, mais uma vez num debate, aconteceu de eu não querer constranger alguém, mas sim proteger a mim mesmo de um constrangimento. Numa pequena cidade universitária americana, depois de uma palestra na Faculdade de Teologia, alguém me perguntou o que eu achava do conceito de "*The God above the God*", ou seja, do Deus acima de Deus, do famoso teólogo Paul Tillich.[7] Eu não fazia a menor ideia desse conceito, mas respondi com tranquilidade:

– Se eu responder à sua pergunta do Deus acima de Deus, então quer dizer que estou me considerando um Tillich acima de Tillich.

O jogo de palavras não está distante das charadas. E uma charada, que eu próprio inventei, foi até publicada num jornal – além do mais, na forma de um "poema".[8] Era assim: "Se você juntá-lo comigo, terá um nome de menino". Até hoje, somente duas pessoas conseguiram encontrar a solução: Erich. Como assim? Juntá-lo (para não dizer "juntar ele" [ele = *er*]) comigo (não posso dizer "com eu" [eu = *ich*]), terá um nome de menino.

Mas eu não apenas faço piadas, eu também amo piadas. Durante muito tempo brinquei com a ideia de escrever um livro sobre a metafísica das piadas, sobre seu pano de fundo metafísico. A melhor piada que conheço é a do homem que chega a uma cidadezinha polonesa com uma alta porcentagem de judeus na população, e quer procurar o bordel. Mas como ele não consegue descobrir o endereço, vai falar com um velho judeu de caftã e pergunta:

– Onde mora o rabino de vocês?

– Lá, naquela casa pintada de verde – é a resposta.

– O quê? – O homem faz de conta que está espantado. – O famoso rabino fulano de tal mora no bordel?

E o velho:

– Como você pode dizer uma coisa dessas? O bordel é aquela outra casa ali, pintada de vermelho.

---

[7] Paul Johannes Tillich, *20.8.1886 Starzeddel, Distrito de Gruben, †22.10.1965 Chicago. Teólogo americano de ascendência alemã, criou com sua principal obra, *Teologia sistemática*, uma síntese abrangente de teologia e filosofia.

[8] Em alemão, há uma rima: "*Bringst du ihn mit mir zusa<u>mmen</u>, erhältst du einen Knabe<u>nnamen</u>*". (N. T.)

– Obrigado – o visitante encerra a conversa e se põe a caminho do bordel.

Nós, médicos, não temos muitas vezes que levar a conversa com nossos pacientes de maneira análoga? Quando eu era um jovem médico no hospital, descobri que durante a anamnese nunca podia perguntar a uma mulher:

– A senhora já passou por um aborto? – Em vez disso, tinha de perguntar:
– *Quantas vezes* a senhora já abortou?

Ou que nunca se perguntava a um homem:

– O senhor já teve uma infecção por sífilis? – mas: – *Por quantos* tratamentos com Salvarsan o senhor já passou?

E não se perguntava ao esquizofrênico se ele ouvia vozes, mas:

– O que dizem as vozes?

A medicina psicossomática pode ser criticada de uma maneira muito divertida com a seguinte piada: Alguém recebe a indicação de procurar um psicanalista porque está sofrendo de dor e pressão na cabeça e zumbido nos ouvidos. No caminho do consultório, essa pessoa passa por uma loja de camisas e se lembra que está precisando de camisas novas. Ele entra e pede por uma determinada marca.

– Tamanho do colarinho? – pergunta a vendedora.

– 42 – é a resposta.

– O senhor precisa do 43, vá por mim.

– Me dê o 42 e basta.

– Tudo bem. Mas depois não se espante se o senhor passar a sentir dor e pressão na cabeça e zumbido nos ouvidos.

A farmacopsiquiatria também pode ser explicada a partir de uma piada. Um homem da SS está sentado no trem defronte a um judeu. Esse último desembrulha um arenque e o come, mas embrulha de novo a cabeça e a guarda.

– Por que você fez isso? – o homem da SS quis saber.

– O cérebro fica na cabeça, e vou levá-la para meus filhos a comerem e ficarem sábios.

– Você me vende a cabeça do arenque?

– Por que não?

– Quanto custa?

– Um marco.

– Aqui está seu marco. – E o homem da SS come a cabeça.

Cinco minutos mais tarde, ele começa a ficar bravo:

– Você é um judeu sujo, o arenque inteiro custa 10 centavos, e você vendeu a cabeça para mim por um marco.

E o judeu respondeu com muita serenidade:

– Veja só, já está começando a funcionar.

A diferença entre um tratamento sintomático e um tratamento causal pode ser explicada por meio de uma piada: num balneário, um homem é acordado todos os dias por um galo que canta cedo demais. Por causa disso, esse homem vai à farmácia, compra um remédio para dormir e mistura-o à comida do galo – terapia causal.

# Hobbies

Se o assunto é caráter e personalidade, ou como ambos se expressam, então é preciso falar de *hobbies*. Adianto apenas que o café é algo muito importante para mim. Por isso, sempre carrego um comprimido de cafeína nas viagens a trabalho; caso eu não tenha a possibilidade de tomar um café forte antes de uma palestra, ingiro o comprimido. Bem, certo dia chego a Salzkammergut,[1] na cidade de Gmunden, para dar uma palestra. Um pouco antes, entro num café e peço o que chamamos em Viena de "*kapuziner*", quer dizer, um café muito escuro, forte – tão forte, que é marrom-escuro, como o hábito de um capuchino. Mas o garçom me traz aquilo que chamamos em Viena de "*G'schlader*", um café muito fraco, aguado. Volto rapidamente ao hotel a fim de tomar o comprimido de cafeína, e quem me para no *lobby*? Um capuchino, um verdadeiro monge capuchino. Ele trouxe da biblioteca alguns livros meus e me pede autógrafos.

O alpinismo foi minha paixão até os 80 anos. Quando não consegui escalar durante um ano, porque tinha de usar a estrela de Davi, eu *sonhava* com o alpinismo. E depois que meu amigo Hubert Gsur me convenceu – e eu ousei – a ir à montanha Hohe Wand *sem* a estrela, não consegui me conter e, durante nossa subida pela parede (havíamos nos decidido pela via do Kanzelgrat), literalmente beijei a rocha.

---

[1] Região austríaca servida de muitos lagos. Grande parte dela foi considerada Patrimônio da Humanidade pela Unesco em 1997. (N. T.)

O alpinismo é o único esporte em que é possível dizer que a diminuição da força causada pelo envelhecimento é compensada pelo aumento da experiência de escalada e refinamento da técnica. De todo modo, as horas que fiquei subindo em paredes de pedra foram as únicas nas quais eu seguramente não fiquei pensando no próximo livro ou na próxima palestra. E Juan Battista Torello[2] não exagerou tanto assim quando escreveu certa vez no jornal da universidade austríaca dizendo suspeitar que meus 27 títulos honorários de doutor não tinham tanto significado para mim quanto as primeiras duas vias de escalada nos Alpes chamadas de "vias Frankl", homenagem que me foi prestada pelos primeiros que as determinaram.

Já mencionei que as coisas que considero mais emocionantes são a roleta de um cassino, uma neurocirurgia e ser o primeiro a escalar algo. Além disso, preciso dizer que o que mais me deixa feliz é, na cidade, terminar de escrever um original e enviá-lo para ser publicado; nas montanhas, escalar uma bela parede e passar a noite seguinte num quarto aconchegante no refúgio, junto a alguém querido. De todo modo, vou às montanhas (como outros vão ao deserto) para encontrar meu equilíbrio, em caminhadas solitárias, digamos sobre o Plateau der Rax.[3] Quase todas as minhas resoluções ou decisões importantes foram pensadas ou tomadas nesses caminhos solitários.

Não escalei apenas os Alpes, mas também a cordilheira Trata, aliás um cume muito difícil, provavelmente grau 4; Elli estava junto. E também subi a Montanha da Mesa na Cidade do Cabo, na África do Sul, por ocasião de uma conferência comemorativa que tive de proferir pelo jubileu da Universidade de Stellenbosch. Fui guiado pelo presidente do clube alpino sul-africano. Por fim, Elli e eu fomos casualmente os primeiros alunos da recém-criada escola de alpinismo no Vale do Yosemite, nos Estados Unidos.

Amigos meus acreditam que minha paixão pelo alpinismo esteja relacionada ao meu interesse por uma "psicologia mais elevada", como eu a postulei pela primeira vez num trabalho de 1938. Isso é corroborado pelo fato de eu estar com

---

[2] Juan Battista Torello, psiquiatra e padre católico de Viena.

[3] Rax, montanha do tipo platô nos Alpes Calcários Setentrionais, situada na fronteira entre a Estíria e a Baixa Áustria.

67 anos quando tomei minhas primeiras lições de voo. Depois de alguns meses, já estava fazendo meus primeiros voos-solo.

Frankl escalando no vale do Yosemite

Quero falar um pouco também dos *hobbies* sem muita importância. Por exemplo, eu gostava muito de gravatas. Posso me apaixonar por gravatas, mesmo platonicamente; quer dizer, posso admirá-las quando estão em exposição – ou seja, mesmo quando sei que não são minhas nem nunca serão.

Um *hobby* pode ser tão intenso que, de diletante, passa a amador. Tornei-me amador em relação ao *design* de armação de óculos. Entendo tanto do assunto que uma das grandes empresas do ramo do mundo me apresentou um modelo antes de ele ser produzido em série. Eu deveria avaliar o produto.

Frankl como piloto na Califórnia

Eu me entrego com coragem e sem nenhum constrangimento ao diletantismo. Já compus, e um especialista musicou uma elegia minha, apresentada publicamente por uma orquestra, e um tango foi usado num programa de televisão.

Há alguns anos fui até Vickersund, que fica a uma hora de distância de Oslo, participar de um simpósio sobre Logoterapia numa clínica psiquiátrica, organizado pelo seu médico-chefe.

– Alguém vai me apresentar antes de eu começar a falar? – perguntei.

– Sim – ele disse.
– Quem? – perguntei.
– O novo professor de psiquiatria da Universidade de Oslo.
– E o que ele sabe a meu respeito?
– Ele não apenas o conhece, mas também o admira muito, e parece que há muito tempo. – Não conseguia me lembrar de tê-lo encontrado alguma vez, e estava curioso. Daí ele apareceu e afirmou me conhecer há tempo – e eu continuava espantado. Ele era um dos muitos filhos do *schammásch*, ou seja, do empregado do templo de Pohrlitz, uma cidade no sul da Morávia, onde meu pai nasceu.

Nas épocas mais difíceis depois da Primeira Guerra Mundial, minha família passava as férias de verão por lá, e meu irmão mais velho era incrivelmente hábil em organizar apresentações de teatro amador. As apresentações aconteciam nos quintais das casas dos camponeses, sobre um tablado de madeira apoiado em barris, e a trupe era composta por garotos e garotas de treze, quatorze, quinze anos. Eu estava entre eles. Meus papéis foram o do velho doutor Stieglitz com uma peruca sem cabelos e o do sapateiro do *Lumpazivagabundus* de Nestroy. E o mundialmente famoso professor de psiquiatria da Universidade de Oslo, professor Eitinger, filho do *schammásch* de Pohrlitz – naquela época ele devia ser um menininho, pois é alguns anos mais novo do que eu – ficou tão impressionado pelo sapateiro que permaneceu meu admirador durante todas essas décadas. Ele pouco sabia de Logoterapia, mas Viktor Frankl e seu sapateiro estavam impregnados na sua memória.

Hans Weigel, na introdução ao meu livro *...trotzdem ja zum Leben sagen*, ou seja, a reedição de meu livro sobre os campos de concentração,[4] explica que eu também já me dediquei seriamente a escrever um tipo de drama (voltarei a ele mais tarde). É preciso acrescentar que esse livro sobre os campos foi também transformado em peça de teatro por um padre católico na Austrália. Um ato dessa

---

[4] Viktor E. Frankl. *Ein Psycholog erlebt das Konzentrationslager*. Verlag für Jugend & Volk. Publicado em 1945 em Viena, com inúmeras reimpressões, traduzido em 24 línguas. Somente da edição americana foram vendidos cerca de nove milhões de exemplares. [Edição brasileira: *Em busca do sentido: um psicólogo no campo de concentração*. Petrópolis: Vozes, 2007.]

peça teve sua estreia em Toronto, como uma espécie de prévia para uma palestra minha, que aconteceu no maior teatro da cidade, o teatro de Toronto. Viktor Frankl aparece duas vezes na peça, como preso e como comentador. O terceiro Viktor Frankl, que estava na sala, era eu.

# Tempo de escola

Chegou a Primeira Guerra Mundial. Funcionários públicos estavam à beira da miséria financeira. Não passávamos mais o verão num balneário, mas na cidade natal de meu pai, em Pohrlitz (no sul da Morávia). Nós, crianças, íamos às casas dos camponeses mendigar por pão – e roubar milho nos campos.

Em Viena, eu tinha de me colocar na fila, às três da manhã, para conseguir batatas, até que minha mãe vinha me render às sete e meia, para que eu pudesse ir à escola. E isso no inverno.

Daí veio o agitado entreguerras. Nesse meio tempo, eu estava envolvido lendo textos de cientistas como Wilhelm Ostwald[1] e Gustav Theodor Fechner.[2] Mas eu ainda não tinha tomado contato com o último quando preenchi alguns cadernos escolares e escolhi o título pomposo: "Nós e o processo mundial". Eu estava convencido de que um "princípio de equilíbrio" universal governava tanto o macro quanto o microcosmo. (Retomei essas noções no meu livro *Ärztliche Seelsorge*.[3])

E quando pudemos retornar novamente a um balneário (Eferding), subindo o Danúbio, eu estava deitado no deque à meia-noite e observava o "céu estrelado

---

[1] Wilhelm Ostwald, *2.9.1853 Riga, †4.4.1932 Leipzig. Cientista e filósofo alemão.

[2] Gustav Theodor Fechner, *19.4.1801 Gross Särchen, †28.1.1887 Leipzig, mais importante incentivador da psicologia experimental.

[3] No Brasil, o livro foi traduzido como *Psicoterapia e sentido da vida. Fundamentos da logoterapia e análise existencial* (*Ärztliche Seelsorge / The Doctor and the Soul*) (São Paulo: Quadrante, 2003). Doravante as remissões a este livro serão feitas pelo título traduzido. (N. E.)

sobre nós" e o princípio do equilíbrio "dentro de mim" (para fazer referência a Kant), quando tive uma percepção do tipo "a-ha!": o nirvana é o calor da morte "visto por dentro".

A impressão que Fechner exerceu sobre mim mais tarde com seu *Tagesansicht gegenüber der Nachtansicht* [*Visão diurna em contraposição à visão noturna*] é compreensível – e como fiquei fascinado, ainda mais tarde, com o *Além do princípio do prazer*, de Sigmund Freud. Assim chegamos às minhas confrontações com a psicanálise.

Fui um aluno exemplar até os primeiros anos do ensino médio. Mas depois comecei a seguir meus próprios caminhos. Passei a frequentar a Universidade Popular a fim de assistir a aulas sobre Psicologia Aplicada, mas também me interessava por Psicologia Experimental. Na escola, transformei um exercício de retórica numa palestra com experiências, entre elas uma demonstração dos fenômenos reflexos psicogalvânicos de Veraguth. Um colega foi a cobaia. Depois de proferir uma série de palavras-chave, quando falei o nome de sua namorada, o ponteiro do galvanômetro – projetado de maneira ampliada na parede da sala de física – andou todo o marcador. Naquela época, ainda se enrubescia com uma situação dessas. Mas felizmente a sala estava escurecida.

# Envolvimento com a psicanálise

Cada vez mais meus exercícios de retórica e minhas redações escolares versavam sobre a psicanálise. Meus colegas estavam constantemente recebendo mais informações sobre esse campo. Dessa maneira, todos sabiam o que deveria ter se passado no inconsciente do nosso professor de Lógica quando, certo dia, no meio da aula, ele cometeu um ato falho e não se referiu a "categorias", mas a "acasalamento".[1]

Na época, meu próprio conhecimento era oriundo de alunos importantes de Freud,[2] como Eduard Hitschmann[3] e Paul Schilder.[4] Frequentei as aulas deste último durante anos na Clínica Psiquiátrica da Universidade, chefiada por Wagner-Jauregg.[5]

Logo comecei a me corresponder com Sigmund Freud. Enviava-lhe material referente à minha abrangente leitura interdisciplinar e que supunha poder interessá-lo. Ele respondia prontamente a todas as cartas.

---

[1] Confusão entre os termos *Gattungsbegriffen* e *Begattungsgriffe*. (N. T.)

[2] Sigmund Freud, *6.5.1856 Freiberg (Morávia), †23.9.1939 Londres. Fundador da psicanálise.

[3] Eduard Hitschmann, *28.7.1871 Viena, †31.7.1957 Gloucester, EUA. Médico e psicanalista austríaco. Coeditor da *Internationale Zeitschrift für Psychoanalyse*.

[4] Paul Schilder, *15.2.1886 Viena, †7.12.1940 Nova York. Médico e psicanalista austríaco. Ajudou a psicanálise a abrir seu espaço na psiquiatria americana.

[5] Julius Ritter Wagner von Jauregg, *7.3.1857 Wels, †27.9.1940 Viena. Psiquiatra austríaco, vencedor do Prêmio Nobel (1927) de medicina pela terapia de infecção em psicoses.

Infelizmente, todas as cartas e os cartões-postais dele – nossa correspondência durou todo meu período de ensino médio – foram confiscados pela Gestapo, décadas mais tarde, quando fui enviado ao campo de concentração, juntamente com alguns relatos de doentes que o jovem Freud havia redigido à mão para a Clínica Psiquiátrica da Universidade. Tinham sido um presente do arquivista da clínica para mim quando eu mesmo trabalhava ali.

Eduard Hitschmann (no alto) e Paul Schilder

Certo dia eu estava, mais uma vez, sentado num banco na alameda principal do Prater – meu local de trabalho preferido à época – e coloquei no papel aquilo que tinha pensado sobre *Zur Entstehung der mimischen Bejahung und Verneinung* [Sobre a formação da mímica afirmativa e negativa]. Juntei uma carta ao manuscrito e o encaminhei a Freud. Fiquei bastante surpreso quando Freud escreveu que havia indicado o texto à *Internationale Zeitschrift für Psychoanalyse* [Revista Internacional de Psicanálise], esperando que eu não me opusesse.

Alguns anos mais tarde, em 1924, ele realmente acabou sendo publicado nessa revista. Minha primeira publicação, porém, aconteceu em 1923, no suplemento juvenil de um jornal diário. Esse trabalho da pena de um psiquiatra em formação não podia deixar de lado a provocação e começar exatamente com a afirmação de que o que seu autor mais odeia é o saudável senso comum humano. (Evidente que eu estava me referindo à aceitação irrestrita de lugares-comuns.)

Quem me conhece sabe que minha oposição a Freud não diminuiu meu respeito em relação a ele. Talvez isso seja comprovado pelo fato de que quando fui vice-presidente de uma sociedade austríaca para a promoção da Universidade Hebraica Jerusalém sugeri, durante uma reunião de diretoria, batizar de "Sigmund Freud Hall" o prédio que seria construído com nossa doação.

Não apenas me correspondi com Freud, como também certa vez o encontrei por acaso. Nessa época, não estava mais no ensino médio, mas na faculdade de Medicina. Ao me apresentar, ele me perguntou imediatamente:

– Viktor Frankl. Viena, 2º distrito, Czerningasse 6, apartamento 25. Certo?

– Certo – confirmei. Parece que a correspondência que mantivemos durante anos fez que ele decorasse meu endereço.

Esse encontro aconteceu por acaso – e tarde demais. Eu já havia entrado na esfera de influência de Alfred Adler, e Adler já determinara a publicação do meu segundo trabalho científico na *Internationale Zeitschrift für Individualpsychologie* [Revista Internacional de Psicologia Individual] (o que aconteceu em 1925). Não cabe aqui discutir a impressão que Freud me causou, uma impressão completamente contrastante em relação à causada por Adler. Kurt

Eissler,[6] que toma conta do arquivo Freud em Nova York, visitou-me certa vez em Viena e pediu que eu registrasse em fita cassete de maneira detalhada e aprofundada, para constar do arquivo, esse encontro com Freud.

Sigmund Freud

[6] Kurt R. Eissler, *2.7.1908 Viena, †17.2.1999 Nova York. Psicólogo e filósofo austríaco. Fundador do Arquivo Sigmund Freud em Nova York. Obra mais conhecida: o estudo psicanalítico *Goethe* (1983).

# Psiquiatria como escolha profissional

Eu ainda estava no ensino médio quando a profissão que havia escolhido para mim na infância – medicina – se transformou, sob influência da psicanálise, em psiquiatria.

Durante algum tempo, pensei em me dedicar à dermatologia ou à obstetrícia. Até que certo dia, outro aluno de medicina, W. Oesterreicher, que mais tarde se fixou em Amsterdã, me perguntou se eu já ouvira falar de Søren Kierkegaard. Afinal, para esse meu flerte com matérias não psiquiátricas havia uma frase de Kierkegaard: o desespero de não querermos ser nós mesmos. Na sua opinião, eu tinha muito talento para a psiquiatria e deveria aceitar esse talento.

É difícil acreditar que uma observação tão simples pode às vezes operar uma transformação significativa em nossas vidas. De todo modo, a partir daí eu estava firmemente decidido a não mais fugir da "autorrealização psiquiátrica".

"Mas será que tenho mesmo talento para a psiquiatria?", eu me perguntava. Sei apenas que se isso for verdade, há também outro talento em jogo, o de fazer caricaturas.

Como caricaturista, assim como psiquiatra, percebo as fraquezas de uma pessoa. Só que, como psiquiatra, ou ao menos psicoterapeuta, posso, a partir das fraquezas (factuais), descobrir intuitivamente as possibilidades (facultativas) para superar essas fraquezas, e para além da desgraça de uma situação ainda posso rastrear as possibilidades de dar um sentido a essa situação e assim transformar o sofrimento aparentemente sem sentido num feito humano real. E a bem da verdade, estou convencido de que não existe nenhuma situação que não englobe nenhum tipo de possibilidade de sentido. Essa parte essencial dessa convicção é trabalhada e sistematizada pela Logoterapia.

Autocaricatura de Frankl

O que, porém, seria do talento para a psiquiatria sem uma necessidade de psiquiatria? Desse modo, não nos perguntemos o que torna alguém capaz de se tornar psiquiatra, mas também o que o motiva! Creio que os imaturos são seduzidos pela promessa da psiquiatria de *exercer poder sobre os outros*, dominá-los, manipulá-los. Conhecimento é poder, e nosso conhecimento sobre os mecanismos que os outros não conhecem, mas são muito conscientes para nós, traz em primeiro lugar o poder sobre os outros.

Isso fica muito claro no caso da hipnose. Devo confessar que me interessei pela hipnose durante a juventude – e aos quinze anos podia hipnotizar corretamente.

Na revista *Psychotherapie für den Alltag* [*Psicoterapia para a vida cotidiana*], descrevo minha atuação como anestesista, enquanto ainda era médico do departamento de ginecologia do hospital Rothschild. Meu chefe, Fleischmann, passou-me certo dia a tarefa de hipnotizar uma velha senhora. Ela tinha de ser operada, mas não aguentaria uma anestesia geral. A anestesia local também não estava em cogitação, não sei por qual motivo. Então, realmente tentei fazer que a mulher não sentisse dor pelo caminho da hipnose. Deu certíssimo.

Só que não levei em conta todos os participantes: em meio aos elogios dos médicos e o agradecimento da paciente, multiplicaram-se as repreensões mais severas e amargas da enfermeira que serviu de instrumentadora durante tal operação. Como me disse mais tarde, ela teve de usar todas as suas forças para não sucumbir à sonolência provocada pelo meu sugestionamento monótono, que agiu não apenas na paciente, como também nela própria.

Uma outra vez, eu era um jovem médico no hospital neurológico Maria Theresien-Schlössel, e me ocorreu o seguinte: meu chefe, o professor Gerstmann,[1] havia me pedido para fazer adormecer um paciente que estava acomodado num quarto duplo. Entrei sorrateiramente nesse quarto tarde da noite, sentei-me junto à cama do paciente em questão e repeti pelo menos durante meia hora os seguintes sugestionamentos:

---

[1] Josef Gerstmann, *17.7.1887 Lemberg, †23.3.1969 Nova York. Importante neurologista vienense. Diretor do Hospital Psiquiátrico Maria Theresien-Schlössel. Imigrou para os Estados Unidos e descreveu a síndrome que leva seu nome, chamada também de síndrome *angularis* (agrafia, acalculia e distúrbio de orientação direita-esquerda).

– Você está muito calmo; você está com um cansaço agradável; está ficando cada vez mais sonolento; está respirando tranquilamente; os olhos estão ficando pesados; não há com que se preocupar; logo você estará dormindo.

Continuei assim durante meia hora. Mas quando quis ir embora, tive de constatar, decepcionado, que não tinha conseguido ajudar o homem.

Fiquei muito surpreso ao entrar no quarto, na manhã seguinte, e ser recebido com a seguinte afirmação satisfeita:

– Dormi maravilhosamente esta noite. Poucos minutos depois de o senhor ter começado a falar, eu caí num sono profundo.

Era o outro paciente, o vizinho daquele doente, que eu tinha de ter hipnotizado.

Em todo o caso, a dimensão do meu poder como psiquiatra também é supervalorizada. Há pouco recebi uma ligação – às três da manhã – de uma senhora do Canadá, e descobri que eu é que tinha de arcar com os custos do telefonema. Ao dizer que não conhecia tal senhora, fui informado de que se tratava de uma situação de vida ou morte. Assim, aceitei a ligação a cobrar e percebi que estava lidando com um caso de paranoia. A senhora se sentia perseguida pela CIA e estava convencida de que eu era a única pessoa no mundo que podia ajudá-la e protegê-la, ou seja, que era poderoso o suficiente para isso. Eu tive de desapontá-la. Mas não o suficiente para evitar que ela voltasse a me ligar na noite seguinte, às três da manhã. Mas dessa vez, me recusei a assumir os custos da CIA.

# A influência do médico

Por falar em poder: concordo com John Ruskin,[1] que disse certa vez: "Há apenas um poder: o poder de salvar. E só há uma honra: a honra de ajudar". Deve ter sido em 1939 quando ministrei um curso na Universidade Popular de Viena, no ginásio da Zirkusgasse, sobre doenças mentais, suas origens e sua prevenção (note bem: não sobre como reconhecê-las e tratá-las). Lembro-me de que, certa noite – já estava escurecendo, mas a sala ainda não estava com as luzes acesas –, um público muito atento de umas duas dúzias de pessoas começou a discutir sobre o significado da orientação pelo sentido e que a vida tem um sentido incondicional. E percebi claramente que essas pessoas estavam receptíveis às minhas palavras, que eu consegui tocá-las, que eu tinha dado algo a elas em seu caminho, que elas eram como barro na mão do oleiro. Resumindo, que eu tinha feito uso do "poder de salvar".

E como está escrito no Talmude: *Aquele que salva uma vida salva o mundo inteiro.*

Nesse sentido, me recordo da filha não mais tão jovem de um zoólogo mundialmente famoso, que foi minha paciente em 1930 no hospital psiquiátrico "Am Rosenhügel". Ela sofria de uma neurose obsessiva severa e estava internada lá havia muitos anos. Anoitecia mais uma vez, eu estava no seu quarto, um quarto duplo, sentado na beirada da cama vazia e falava com ela. Eu estava me esforçando ao

---

[1] John Ruskin, *8.2.1819 Londres, †20.1.1900 Brantwood. Escritor, pintor e filósofo social, engajado em reformas políticas e sociais.

máximo para fazer que ela se afastasse de seu comportamento obsessivo. Analisei todos os seus argumentos, afastei todos os seus medos. Ela foi ficando cada vez mais calma, mais solta, cada vez menos deprimida. Era nítido que cada palavra minha caía num terreno fértil. E novamente eu senti – o barro na mão do oleiro...

# Questões filosóficas

Enquanto eu me apaixonava pela psiquiatria de modo geral, e especialmente pela psicanálise, a *filosofia* não me deixou mais. Havia um grupo de trabalho de filosofia na Universidade Popular, dirigido por Edgar Zilsel. Aos quinze ou dezesseis anos, dei uma palestra lá sobre – simplesmente – *o sentido da vida*. Naquela época eu estava desenvolvendo duas de minhas ideias centrais: que, na verdade, não podemos questionar sobre o sentido da vida, porque somos nós mesmos que estamos sendo questionados – somos nós que temos de responder às perguntas que a vida nos coloca. E essas perguntas que a vida nos coloca só podem ser respondidas à medida que somos responsáveis pela nossa própria existência.

A outra ideia fundamental diz, porém, que o último sentido transcende nossa capacidade de compreensão, precisa transcendê-la. Resumindo, trata-se de um "suprassentido", como eu o chamei, mas não no sentido de algo metafísico. Podemos apenas acreditar nele. Mas também devemos acreditar nele. E mesmo que apenas inconscientemente, todos já acreditamos nele.

Deve ter sido na mesma época, quer dizer, eu devia ter a mesma idade: ainda me vejo naquele lugar da Taborstraße, num daqueles passeios de domingo à tarde tão tipicamente meus, quando me ocupei com o pensamento solene, por assim dizer: *Abençoado seja o destino, crível seja seu sentido*.

Isso quer dizer que tudo o que acontece com a pessoa deve ter algum sentido último, ou seja, um suprassentido. Mas podemos não conhecer esse suprassentido, é preciso acreditar nele. No fim das contas, trata-se de uma redescoberta do *amor fati* divulgado por Espinosa, do amor ao destino.

# Fé

Já discorri o suficiente sobre o tema da fé. Dediquei grande parte dos meus livros às definições opostas de psicoterapia e teologia, ou, para falar como Fritz Künkel,[1] da diferença entre a cura médica de almas e a salvação de almas.[2]

A primeira coisa a saber é em qual contexto eu me posiciono em relação ao tema da fé – se estou no papel de psiquiatra ou filósofo, médico ou simplesmente ser humano. Em segundo lugar, passei por diversos estágios de desenvolvimento – quando criança era crente, mas depois, na puberdade, passei também por uma fase ateísta.

E, em terceiro lugar, é preciso levar em consideração a que público estou me dirigindo. Não darei testemunhos de fé privados e pessoais diante de psiquiatras, quando o assunto for a Logoterapia como um método psicoterapêutico. Afinal, não estaria ajudando à Logoterapia, pela qual sou responsável.

Nas minhas últimas publicações volto continuamente à questão sobre o que seria um mero acaso e quando haveria, atrás de um suposto mero acaso, um sentido mais alto ou profundo, um sentido último.

Recordo-me da seguinte história: certo dia, passo diante da Igreja Votiva, em Viena, que sempre amei tanto. Embora não seja uma igreja gótica original,

---

[1] Fritz Künkel, *6.9.1889 Stolzenberg, †4.4.1956 Los Angeles. Médico e psicoterapeuta, um dos mais notáveis discípulos de Alfred Adler.

[2] No original alemão: "*Seelenheilkunde*" e "*Seelenheil-Kunde*". "*Seelenheilkunde*" [psiquiatria]; "*Seelenheil*" [bem-aventurança]; "*Kunde*" [cliente]. (N. T.)

é totalmente construída nesse estilo. Até essa data, nunca havia entrado lá, mas ao ouvir os sons do órgão, sugiro à minha mulher entrar e nos sentarmos um pouco.

Mal entramos, a música cessa, o padre se aproxima do púlpito e começa o sermão. E ele fala da [rua] Berggaße 19 e do "ateu" Sigmund Freud. Depois ele diz:

– Mas não precisamos nem ir tão longe, até a Berggaße. Logo aqui atrás, na Mariannengaße 1, mora Viktor Frankl, ele escreveu um livro, *Psicoterapia e sentido da vida*, na verdade um livro "ateu".

E ele começa a "rasgar" meu livro, como se costuma dizer em Viena. Depois me apresentei, mas temi que ele pudesse sofrer um ataque. Por certo ele não contava com minha presença. Mas me perguntei: quantos minutos se passaram, do meu nascimento até sua prédica, ou seja, até minha decisão de entrar *uma vez* na Igreja Votiva? Quão ínfima é a possibilidade de eu entrar lá exatamente quando o padre está falando de mim durante o sermão?

Igreja Votiva

Para tais acasos, a única postura que considero adequada é a seguinte: a de desistirmos desde o início de tentar explicá-los. Sou burro demais para explicá-los, mas inteligente demais para negá-los.

De volta aos meus quinze, dezesseis anos. Comecei a filosofar. Mas eu ainda era imaturo demais para resistir à *tentação psicologística*. Apenas no meu trabalho de conclusão de curso, que intitulei *Zur Psychologie des philosophischen Denkens* [*A psicologia do pensamento filosófico*] e ao qual acrescentei uma patogênese totalmente psicanalítica sobre Arthur Schopenhauer, é que ao menos desisti de considerar errado, *a priori*, o que é doente. Como formulei posteriormente em meu livro *Psicoterapia e sentido da vida*: "Dois mais dois são quatro, até mesmo quando um esquizofrênico afirmar isso".

À tentação psicologista, porém, juntou-se ainda a *sociologista*. Afinal, durante meus anos de ensino médio fui funcionário da Juventude do Partido Socialista dos Trabalhadores, e durante algum tempo, em 1924, coordenador dos "Estudantes secundaristas socialistas da Áustria". Meus amigos e eu passávamos noites inteiras passeando pelo Prater, discutindo não apenas as alternativas Marx ou Lênin, mas também as alternativas Freud ou Adler.

Afinal, qual foi o tema ao qual me dediquei no trabalho que Adler publicou em sua revista? O tema que percorre todos os meus trabalhos: *a elucidação do território fronteiriço que se estende entre a psicoterapia e a filosofia, considerando especialmente a problemática do sentido e dos valores na psicoterapia*. E devo dizer que não conheço ninguém que tenha se debatido tanto com essa problemática quanto eu, durante toda minha vida.

Esse é o *leitmotiv* que está por trás de todas as minhas obras. Mas o motivo que me levou a escolhê-lo foi a superação do psicologismo na área da psicoterapia, que comumente vem junto com um "patologismo". Ambos, porém, são aspectos de um fenômeno mais abrangente, o reducionismo, ao qual pertencem também o "sociologismo" e o "biologismo". Em todo o caso, o reducionismo é o niilismo de hoje. Ele reduz o ser humano, nem mais nem menos, por toda uma dimensão, a dimensão humana. Ele projeta o que é o específico do ser humano para fora do humano, para o nível do sub-humano. Resumindo, o reducionismo é um sub--humanismo, se é que posso me expressar dessa maneira.

# Encontro com a psicologia individual

Voltando a Adler: em 1925, meu trabalho "Psychotherapie und Weltanschauung" ["Psicoterapia e cosmovisão"] foi publicado na sua *Internationale Zeitschrift für Individualpsychologie*. Em 1926, seguiu-se outro. No mesmo ano precisei apresentar uma comunicação de grande relevância no Congresso Internacional de Psicologia Individual que estava acontecendo em Düsseldorf, mas não conseguia fazê-lo sem me desviar da linha ortodoxa: eu contestava que a neurose fosse – sempre e inconteste – um mero meio para um fim, no sentido da teoria de seu "caráter de *arrangement*". Eu defendia a alternativa de interpretá-la também como "expressão" – e não apenas como mero "meio" –, ou seja, não apenas num sentido instrumental, mas também num sentido expressivo.

Essa foi minha primeira viagem para um congresso; na ida, fiz uma parada em Frankfurt/Main, e na volta, em Berlim. Em Frankfurt – é inacreditável, quase uma piada –, novamente eu, o aluno de medicina de 21 anos, a convite da Juventude Trabalhista Socialista, dei mais uma palestra sobre o sentido da vida. Tropas inteiras de jovens, carregando bandeiras, reuniram-se e foram assistir à palestra. Na viagem de volta, fiz em Berlim uma palestra sobre assuntos da Sociedade de Psicologia Individual.

Em 1927, meu relacionamento com Alfred Adler complicou-se ainda mais. Eu estava encantado por dois homens que não me impressionavam apenas como seres humanos, mas que me influenciavam profundamente: Rudolf Allers e Oswald

Schwarz.[1] Com Allers, comecei a trabalhar no laboratório de fisiologia dos sentidos, que era dirigido por ele. Schwarz – o fundador da medicina psicossomática e de uma antropologia médica –, por sua vez, me honrou com um prefácio para um livro que eu tinha de escrever para a editora Hirzel, dedicada à psicologia individual. Mas ele não pôde ser impresso, pois nesse meio tempo eu havia sido excluído da Associação de Psicologia Individual (um resumo das ideias principais desse livro "abortivo" apareceu em 1939 no *Schweizerischen medizinischen Wochenschrift* [*Semanário Médico Suíço*]). Em sua introdução, Schwarz dizia que o significado de meu livro para a história da psicoterapia era o mesmo que o da *Crítica da razão pura* de Kant para a filosofia. E ele realmente estava convencido disso.

Alfred Adler (1934)

---

[1] Rudolf Allers e Oswald Schwarz, importantes psicólogos da linha individual; desligaram-se da Associação de Psicologia Individual porque não encontraram mais espaço para sua posição antropológica.

Por esse tempo, enxerguei definitivamente meu próprio "psicologismo". Fui totalmente sacudido por Max Scheler,[2] e carregava seu livro *Formalismus in der Ethik* [*Formalismo na ética*] como uma bíblia. Estava mais do que na hora de uma autocrítica do meu próprio psicologismo. O sábio boêmio entre os adlerianos, Alexandre Neuer, já havia me convidado para conversar no café literário em Viena, o "Herrenhof". De início, ele apontou que – a partir do que pôde deduzir de uma série de manuscritos meus – eu tinha de obedecer a algumas prioridades em relação à tentativa de Max Planck em resolver a questão do livre-arbítrio e em relação aos fundadores da Psicologia da Gestalt. Mas em seguida ele começou a me julgar exaltadamente como um "renegado do espírito", mais uma vez a partir dos meus manuscritos. Isso "pegou fundo". E eu não estava mais disposto a firmar compromissos.

Daí houve ainda a noite de 1927, quando Allers e Schwarz assumiram *coram publico* sua saída, anteriormente anunciada, da Associação de Psicologia Individual. A sessão aconteceu no salão principal do Instituto de Histologia da Universidade de Viena. Havia alguns freudianos sentados nas últimas fileiras, que observavam o teatro com deleite, afinal Adler estava passando pelo mesmo que Freud havia passado antes. Adler já havia saído também da Associação Psicanalítica de Freud de Viena. Estava havendo mais uma "secessão". Entretanto para Adler, a presença dos psicanalistas tornou a situação ainda mais delicada.

Quando Allers e Schwarz encerraram suas explanações, havia uma grande tensão no ar. Como Adler reagiria? Esperamos em vão. Contrariamente ao seu costume, ele não pediu a palavra. Passaram-se minutos constrangedores. Eu estava sentado, como ele, nas primeiras filas, entre nós havia uma aluna de Adler, e ele sabia das restrições dela à sua teoria, assim como sabia das minhas. Finalmente, ele se dirigiu a nós dois e zombou:

– E aí, heróis?

Ele queria dizer que não deveríamos ser covardes, mas reconhecer corajosamente nossas posições e pedir a palavra.

---

[2] Max Scheler, *22.8.1874 Munique, †19.5.1928 Frankfurt/Main. Filósofo alemão. Fundou uma "ética material", desenvolveu uma sociologia cultural própria e uma moderna antropologia filosófica.

Dessa maneira, não tive escolha, senão me colocar na frente de todos e debater com eles o quanto a Psicologia Individual ainda tinha de superar o psicologismo. E cometi o erro de me declarar partidário de Schwarz quase que diante do inimigo, os psicanalistas, chamando-o até mesmo de "meu professor". Que adiantava então eu afirmar tão veementemente que não via motivos para sair da Associação de Psicologia Individual, pois a Psicologia Individual podia deixar seu psicologismo para trás por conta própria. Tentei mediar em vão entre Allers, Schwarz e Adler.

Desde essa noite, Adler não trocou mais uma palavra comigo e não respondia aos meus cumprimentos quando eu, noite após noite, como de costume, entrava no Café Siller e me aproximava da sua mesa cativa. Ele não conseguia superar o fato de eu não estar ao seu lado incondicionalmente.

Repetidas vezes ele me deixou um recado para que eu saísse da Associação, embora eu continuasse não vendo motivo para tanto. Alguns meses depois, por fim, fui excluído formalmente da Associação de Psicologia Individual.

Esse "êxodo" teve um significado importante para mim. Eu havia editado durante um ano uma revista de psicologia individual, *Der Mensch im Alltag* [*O homem na sua vida cotidiana*], que cedo ou tarde, claro, haveria de ser descontinuada. Mas eu também tinha perdido meu fórum. Poucos entre os psicólogos individuais se mantiveram fiéis a mim, mesmo se não do ponto de vista científico, pelo menos do humano. Nesse contexto, sou grato ao precocemente falecido Erwin Wexberg,[3] Rudolf Dreikurs[4] e, *last but not least*, a filha de Alfred Adler, Alexandra.

---

[3] Erwin Wexberg, *12.2.1889 Viena, †1957 Washington. Estudos sobre psicoterapia e neurologia. Publicações sobre psicologia individual ("Individualpsychologie: eine systemtische Darstellung") [Psicologia individual: uma descrição sistêmica].

[4] Rudolf Dreikurs, *8.2.1897 Viena, †25.5.1972 Chicago, Illinois. Pedagogo e psicólogo austríaco, colega de Alfred Adler, um dos mais importantes representantes da psicologia individual. Fundou institutos dedicados a Adler em Chicago, no Rio de Janeiro e em Tel Aviv. Livros importantes: *Kinder fordern uns heraus* e *Psychologie im Klassenzimmer*. [Edições brasileiras: *Como educar nossos filhos nos dias de hoje* (Record, s. d.); *Dê a seu filho um espírito superior* (Forum, 1969), ambas com Vicki Soltz; *Escola, complemento do lar* (Bloch, 1971), entre outras].

Que ninguém venha me falar que a Logoterapia é apenas "Adlerian psychology at its best" [psicologia adleriana melhorada], e que por isso não haveria motivos para tratá-la como uma orientação científica *sui generis*, com direito a um nome particular. Nessas ocasiões, costumo reagir da seguinte maneira: quem teria a legitimidade para decidir se a Logoterapia realmente ainda é Psicologia Individual ou há tempos já deixou de ser – quem, senão Adler? E ele acabou por determinar que eu fosse excluído da Associação de Psicologia Individual. *Roma locuta causa finita.*

# Os primórdios da Logoterapia

Nesse meio tempo, Fritz Wittels[1] – o primeiro a escrever uma biografia de Freud –, Maximiliam Silbermann e eu fundamos a Associação Acadêmica de Psicologia Médica, e fui eleito seu vice-presidente. Silbermann era o presidente, sendo sucedido por Fritz Redlich[2] e Peter Hofstätter.[3] O conselho era formado por Freud, Schilder e todos aqueles com prestígio na Viena dos anos 1920, a meca da psicoterapia. Essa associação passou a contar com um grupo de trabalho, e como seu participante, proferi uma palestra em 1926, quando pela primeira vez falei publicamente de *logoterapia* no ambiente acadêmico. Empreguei o termo alternativo, *análise existencial*, apenas a partir de 1933. Nessa época, eu tinha sistematizado meu conjunto de ideias até um determinado grau.

Desde 1929 eu já havia concebido a diferenciação entre três grupos de valores, ou seja, de três possibilidades de encontrar um sentido para a vida – até seu último instante, até o último suspiro. Essas três possibilidades de encontrar um sentido na vida são: uma *ação* que realizamos; uma *obra* que criamos; ou uma *vivência*, um *encontro* e um *amor*. Mas mesmo assim, quando somos

---

[1] Fritz Wittels, *14.11.1880 Viena, †16.10.1950 Nova York. Neurologista, psiquiatra e psicanalista.

[2] Fritz Redlich, *18.1.1866 Brünn, †9.6.1930 Viena. Deu nome ao "fenômeno de Redlich", fenômeno das pupilas no caso da epilepsia e histeria.

[3] Peter Hofstätter, *20.10.1913 Viena, †13.6.1994 Buxtehude. Reintroduziu métodos experimentais e empíricos na psicologia alemã (por exemplo, o perfil de polaridade segundo Osgood) no começo dos anos 1950.

confrontados com o destino inexorável (digamos, uma doença incurável, um carcinoma inoperável), mesmo então podemos descobrir um sentido na vida, à medida que atestamos a capacidade mais humana entre as capacidades humanas: a capacidade de transfigurar o sofrimento numa realização humana.

Frankl como aluno de Medicina, 1929

É sabido que Wolfgang Soucek chamou oficialmente a Logoterapia de *Terceira Escola Vienense de Psicoterapia*. Seria possível dizer que a lei biogenética fundamental de Haeckel se confirmou em seu criador, pois, de alguma maneira, passei pessoalmente pelos dois primeiros caminhos da psicoterapia de Viena. Isso é verdade, mesmo resumidamente, pois em 1924 a *Internationale Zeitschrift für Psychoanalyse* [*Revista Internacional de Psicanálise*] publicou um artigo meu (como já mencionei) por iniciativa de Freud. Um ano depois, em 1925, um outro artigo meu foi publicado na mesma revista, dessa vez por iniciativa de Alfred Adler. Ou seja, posso afirmar que participei do desenvolvimento da psicoterapia, mas ao mesmo tempo, que também antecipei um ou outro aspecto. Citarei apenas a *intenção paradoxal*, que era praticada por mim já em 1929 e que citei com esse nome num artigo de 1939. Exímios conhecedores da terapia comportamental não se cansarão de apontar o quanto a intenção paradoxal antecipou-se aos métodos de tratamento desenvolvidos a partir de uma orientação teórica décadas mais tarde, ou seja, nos anos 1960. Isso sem mencionar a técnica de tratamento da impotência descrita detalhadamente no meu livro *A psicoterapia na prática*, de 1947, apresentada nos anos 1970 por Masters & Johnson[4] como "nova" terapia sexual.

Defendo a terapia comportamental. Na minha luta contra a psicanálise, e naturalmente também contra uma terapia individual psicologista, ela me ajudou a resolver uma questão incômoda. Quando essas duas escolas estão em choque uma contra a outra, brigando, a "terceira (escola de Viena)" está sorrindo. Sempre fico aliviado quando a Logoterapia é poupada de criticar as outras escolas, independentemente do quanto essa crítica seja justa e, ao mesmo tempo, desnecessária.

No que se refere, porém, à Logoterapia, Gordon Allport[5] chama-a, na sua introdução para *Man's Search for Meaning* [*O homem em busca do sentido*], de "*the most significant psychological movement of our day*" ["o mais significativo movimento psicológico de nossos dias"]. Juan Battista Torello, por sua vez, disse que ela representa o último verdadeiro sistema na história da psicoterapia. Eu diria que, nesse sentido, ela está lado a lado com a análise do destino de Szondi,[6] que de fato é altamente sistematizada – pressupondo que é possível estar lado a lado em níveis tão distintos quanto Szondi e eu. Pessoalmente, considero o teste de Szondi um simpático jogo de salão, nada mais.

---

[4] William Masters, *27.12.1915 Cleveland, †16.2.2001 Tucson; e Virginia Johnson, *1925. Sexólogos americanos.

[5] Gordon W. Allport, *11.11.1897 Montezuma, Ind., †9.10.1967 Cambridge, Mass. Psicólogo americano, seus trabalhos sobre o desenvolvimento da personalidade criaram as bases da psicologia humanista; obra mais famosa: *The nature of prejudice* [*A natureza do preconceito*] (1954).

[6] Leopold Szondi, *11.3.1893 Nyitra, †24.1.1986 Küsnacht. Psicólogo e psicoterapeuta húngaro.

Torello afirmou certa vez que eu entraria para a história da psiquiatria como quem teve uma aproximação terapêutica à doença do século, o *sentimento de falta de sentido*. É correto dizer que a Logoterapia, no fim das contas, foi desenvolvida com esse objetivo.

Quando, porém, perguntam sobre as causas últimas, as raízes mais profundas e o motivo mais íntimo da minha motivação para criar a Logoterapia, então só posso mencionar uma coisa que me levou a isso e que me faz continuar trabalhando incansavelmente: a compaixão para com as vítimas do cinismo contemporâneo que se espalha na psicoterapia, nessa área perniciosa. Com "área", quero apontar para o lado comercial, e com "perniciosa", a desonestidade científica. Dói no coração estar diante de pessoas que não apenas estão sofrendo psiquicamente, mas que também estão sendo prejudicadas pela psicoterapia. A luta contra as tendências despersonalizadoras e desumanizadoras que emanam do psicologismo na psicoterapia é realmente o fio condutor que perpassa todas as minhas obras.

Nós, logoterapeutas, desenvolvemos algumas técnicas. Uma delas é a *intenção paradoxal*, e há também a *técnica do denominador comum*, menos conhecida. Em relação a esta última, lembro-me de que a hoje conhecida escritora Ilse Aichinger,[7] ainda aluna de medicina, veio falar comigo – creio que Hans Weigel fez a indicação. Ela se encontrava no dilema entre continuar a escrever um romance – aquele que a tornaria famosa –, e por isso interromper seus estudos de medicina, ou continuar na faculdade. Depois de uma longa conversa, chegamos à decisão de que provavelmente seria menos problemático interromper os estudos e retomá-los mais tarde do que postergar a escrita de um romance. O denominador comum era o seguinte: o que mais provavelmente seria colocado em perigo se fosse interrompido?

No que se refere, porém, à intenção paradoxal, lembro-me de tê-la usado certa vez para me livrar de uma multa: eu havia cruzado uma rua com o semáforo no amarelo. O guarda, que eu não tinha visto até então, veio até mim; eu encostei junto ao meio-fio, desci do carro e recebi o policial que se aproximava solenemente com uma torrente de autorrepreensão:

---

[7] Ilse Aichinger, *1.11.1921 Viena. Escritora austríaca.

– O senhor tem razão, como pude fazer uma coisa dessas, não há desculpas, não há justificativa. Estou convencido de que isso não vai se repetir, isso vai me servir de lição, mas foi um comportamento completamente condenável.

O policial fez o possível para me acalmar e disse, tentando consolar: isso poderia acontecer com qualquer um, e mesmo ele estava convencido de que eu não repetiria a infração.

Agora, porém, voltemos aos meus anos de ensino e aprendizagem da psiquiatria. Concretamente, ao meu afastamento da sociedade de psicologia individual.

# Teoria e prática: centros de aconselhamento juvenil

Depois da saída da Associação de Psicologia Individual, a ênfase da minha esfera de interesse se deslocou da teoria para a prática. Organizei centros de aconselhamento para jovens primeiramente em Viena, e depois, seguindo o modelo de Viena, em seis outras cidades, nas quais os jovens com dificuldades psíquicas poderiam procurar ajuda, gratuita. Como conselheiros, pude contar com voluntários como August Aichhorn,[1] Erwin Wexberg e Rudolf Dreikurs. Charlotte Bühler[2] também se pôs à disposição para acolher pessoas necessitando de orientação em sua casa.

Em 1930, organizei pela primeira vez um atendimento especial na época da distribuição dos boletins; o resultado foi que, pela primeira vez depois de muitos anos, não se registrou nenhum suicídio entre os alunos.

Países estrangeiros passaram a se interessar por esse trabalho, e fui convidado para palestras relacionadas a ele. Em Berlim, encontrei-me, para uma

---

[1] August Aichhorn, *27.7.1878 Viena, †13.10.1949 Viena. Pedagogo e psicanalista austríaco. Fundador da pedagogia psicanalítica, desenvolveu métodos diagnósticos e terapêuticos para a ressocialização de crianças abandonadas e jovens delinquentes.

[2] Charlotte Bühler, *20.12.1893 Berlim, †3.2.1974 Stuttgart. Psicóloga alemã. Organizou nos anos 1930 um grupo de pesquisa com psicólogos de crianças e adolescentes, a Escola de Viena, e criou testes de desenvolvimento e inteligência.

conversa longa, com Wilhelm Reich,³ que havia se interessado pelo aconselhamento juvenil. Para discutir comigo minhas experiências em relação aos problemas sexuais nesse contexto, ficamos andando por horas por Berlim em seu conversível. Em Praga e em Budapeste, as palestras aconteceram até mesmo em faculdades. Desse modo conheci Otto Pötzl⁴ em Praga, que depois se tornou sucessor de Wagner-Jauregg em Viena; ele foi um amigo paternal para mim até o fim de sua vida.

Charlotte Bühler

---

³ Wilhelm Reich, *24.3.1897 Dobrzcynica, Galícia, †3.11.1957 Lewisburg, Penn. Psicanalista austríaco; procurou juntar as teorias de Marx e Freud, além de fazer pesquisas biológicas e fisiológicas sobre o medo e a sexualidade. Exerceu grande influência no movimento antiautoritário dos anos 1960. Obras importantes: *Psicologia de massa do fascismo* (Martins Fontes Editora, 2001), *A revolução sexual* (LTC, 1988), *Análise do caráter* (Martins Fontes Editora, 2001), entre outras.

⁴ Otto Pötzl, *29.10.1877 Viena, †1.4.1962. Psiquiatra e neurologista, foi o primeiro a introduzir uma palestra sobre a psicanálise nos países de expressão alemã.

Sem contar com Freud e Adler, para mim Pötzl era *o* gênio – e também tão distraído como os gênios costumam ser. O que vou contar agora é literalmente verdadeiro: certo dia, ele me encontrou na policlínica. Levei-o à minha sala, ele encostou o guarda-chuva, que sempre carregava consigo, no mancebo, sentou-se e discutiu um caso qualquer comigo. Depois se despediu, e eu o acompanhei até a porta. Depois de um tempo, ele voltou – ele havia esquecido o guarda-chuva –, pegou o guarda-chuva e saiu de novo. Nessa hora percebi que ele pegou sem querer o meu guarda-chuva, e disse:

Otto Pötzl (diretor da Clínica de Neurologia e Psiquiatria
da Universidade de Viena, de 1928 a 1945)

– Professor, esse guarda-chuva é meu!
– Desculpe-me – ele disse, e pegou o seu guarda-chuva. Depois de ele ter ido embora, notei que ele não havia devolvido o meu guarda-chuva. Mais uma vez fui atrás dele e chamei:
– Perdão, professor, mas dessa vez o senhor pegou os dois guarda-chuvas.
Ele se desculpou diversas vezes, entrou pela terceira vez para buscar o seu guarda-chuva – agora o seu mesmo, e nenhum outro.

Certa vez dei uma palestra em Brünn, convidado por Margarete Roller, do departamento alemão de assistência ao jovem. Reunimo-nos ao final num restaurante, e ela ficou subitamente muito pensativa: havia se dado conta de que passara décadas trabalhando com meu pai na área de assistência ao jovem e agora estava fazendo o mesmo com o filho.

Meu pai realmente fundou, em conjunto com o ministro Joseph Maria von Bärnreither, o departamento central para a proteção à criança e assistência ao jovem. Na minha juventude, eu considerava essa matéria a mais entediante de todas. Até que, encorajado por Margarete Roller, notei que por meio do aconselhamento de jovens eu também fazia uma assistência ao jovem, ancorada no nível psicológico.

Mas eu tinha de sair rapidamente do restaurante para pegar o avião para Viena. Ano 1930! A aeronave era de quatro lugares, e eu era seu único ocupante. Descobrimos o quanto eu "ocupava" o avião quando fui pesado no aeroporto. Nessa época, o piloto ainda não sentava dentro de uma cabine fechada. De todo modo, esse voo, que por acaso era o meu primeiro, foi bastante aventuresco em determinados aspectos. Sem o avião não seria possível chegar no horário, à noite, para meu curso semanal na Universidade Popular – aulas que eu dava regularmente desde 1927. Tratava-se do primeiro curso sobre Higiene Psíquica ministrado na Universidade Popular de Viena.

Nesse contexto, recordo-me do seguinte: sempre que eu queria impressionar uma moça – usar simplesmente da minha aparência física não era suficiente –, lançava mão de um pequeno truque. Vamos dizer que eu a conhecesse num baile, daí eu elogiava um certo Frankl, cujo curso na escola para adultos eu frequentava com prazer, e dizia que ela tinha de assistir sem falta a uma aula, e que podia me acompanhar. E assim nos sentávamos à noite no grande salão de festas do ginásio na Zirkusgasse, no qual Frankl costumava dar seus cursos, já que durante algum tempo foi o mais concorrido da escola. De caso pensado, eu me sentava no canto de uma das fileiras da frente, e dá para imaginar a impressão que a moça tinha quando seu acompanhante subitamente a deixava e, recebido com palmas, subia ao tablado.

Com a mesma regularidade que mantinha na Universidade Popular, eu também ministrava palestras em organizações da juventude socialista trabalhista, e centenas dessas palestras, sempre com respostas a perguntas escritas no final, juntaram-se à minha bagagem de experiência e fundiram-se com o que eu aprendi no contexto do aconselhamento juvenil por meio do contato com milhares de jovens que vinham se consultar.

Primeira foto de jornal de Frankl por ocasião do "aconselhamento do boletim" (1930), iniciado por ele, diante da clínica "Am Rosenhügel"

Talvez essa experiência explique o fato de Pötzl abrir uma exceção pela primeira vez (e acho que única) para mim, na medida em que permitiu que Otto Kogerer – que dirigia o departamento psicoterapêutico em sua clínica – me deixasse trabalhar com psicoterapia de modo absolutamente autônomo, enquanto eu ainda era estudante de Medicina, ou seja, ainda antes de estar formado. Agora eu tentava esquecer o que havia aprendido da psicanálise e da psicologia individual. Eu me esforçava por aprender do paciente – ouvir o paciente. Eu queria descobrir como ele agia quando sua situação melhorava. Comecei a improvisar.

Eu me lembrava bem do que os outros me diziam, mas esquecia o que eu lhes havia dito. Assim, sempre acontecia de meus pacientes relatarem ter praticado com sucesso a *intenção paradoxal*, que acabei chamando assim apenas muito mais tarde (pela primeira vez em 1939, no *Schweizer Archiv für Neurologie und Psychiatrie* [*Arquivo Suíço de Neurologia e Psiquiatria*]). Quando eu pergunta aos pacientes como eles haviam tido a ideia de usar tais truques para dar conta de suas neuroses, eles diziam, espantados:

– Bem, foi o senhor quem disse tudo isso para mim da última vez.

Eu havia esquecido da *minha invenção*!

# Anos de aprendizagem de um médico

Depois de formado, trabalhei primeiro sob a chefia de Pötzl na Clínica Psiquiátrica da Universidade, mas depois fiquei por dois anos com Joseph Gerstmann (que deu o nome à síndrome de Gerstmann, ou seja, a síndrome do giro angular), a fim de me especializar em Neurologia. Por fim, trabalhei por quatro anos no hospital psiquiátrico "Am Steinhof", onde dirigia o "Pavilhão dos suicidas". Calculei certa vez que não menos de três mil pacientes passavam pelas minhas mãos por ano! Dessa maneira, estava garantido o aperfeiçoamento de meu olhar diagnóstico.

Enquanto estava no "Steinhof", desenvolvi minha teoria do *"fenômeno corrugador"*[1] como um sintoma de surtos de esquizofrenia. Registrei minhas observações em filme e projetei-o também quando fiz uma palestra curta a respeito na Sociedade Vienense de Psiquiatria.

Os primeiros dias que passei no Steinhof, porém, foram terríveis, especialmente as noites. Sonhos medonhos relacionados com doenças psicóticas me deixavam arrasado. Meu chefe, Leopold Pawlicki, pai do famoso músico vienense, insistiu comigo que eu não deveria entrar de óculos na sala onde as mulheres do meu pavilhão passavam o dia: eu poderia levar um soco na cara, os óculos poderiam se quebrar e os cacos machucariam meus olhos; além disso, o seguro não cobriria o acidente em razão do meu descuido. Segui o conselho do chefe, e como

---

[1] Fenômeno corrugador. Fenômeno usado no diagnóstico da suspeita de esquizofrenia. Descrito pela primeira vez por Frankl na revista *Zeitschrift für Neurologie und Psychiatrie* (v.152, p.161ss, 1935), com o título: "Um fenômeno frequente na esquizofrenia".

não enxergava o suficiente sem óculos, logo no primeiro dia levei uma bordoada. A partir do dia seguinte, mantive os óculos, e assim conseguia perceber imediatamente quando alguém saía dos fundos e vinha em minha direção para me atacar. Graças aos meus óculos, porém, eu conseguia me safar a tempo.

Durante os quatro anos que passei no "Steinhof", usei a estenografia para registrar todos os comentários engraçados das minhas pacientes. Eu pensava aliás em escrever um livro a respeito, que se chamaria ...*E os loucos dizem a verdade* – afinal, dizemos que as crianças e os loucos sempre dizem a verdade. Um ou outro comentário acabou entrando nos meus livros, por exemplo, a resposta de uma velha senhora a uma pergunta-padrão típica dos testes de inteligência muito breves: Qual seria a diferença entre uma criança e um anão. Sua resposta foi:

– Meu Deus, doutor, uma criança é apenas uma criança e um anãozinho trabalha numa mina.

Gosto também de contar as respostas à minha pergunta – A senhora tem ou já teve relações sexuais? –, que eu rapidamente estenografava, de tão engraçadas que eram.

– Não – uma disse.

– Nunca? – insisti.

– Vá lá, quando eu era criança – foi a resposta.

E uma outra resposta para a pergunta das relações sexuais:

– Meu Deus, doutor, só quando eu sou estuprada; afinal, não vou a lugar nenhum.

Talvez eu deva ainda mencionar que no contexto com o planejado título ...*E os loucos dizem a verdade*, eu queria apontar que a teoria que embasa a Logoterapia, em sua luta contra o psicologismo na psicoterapia, realça exatamente que o que é doente não necessariamente precisa estar errado. Eu passei a chamar essa teoria de Logoteoria. Dessa maneira, a Logoterapia luta contra a patologização. Ou, para descrever o título de outra forma, posso usar a fórmula que está no meu primeiro livro: dois mais dois são quatro, mesmo quando um esquizofrênico o afirmar.

Em 1937, estabeleci meu consultório como médico especialista em neurologia e psiquiatria. Lembro-me de um episódio: no começo de meu consultório, atendia um paciente que me trazia algumas dificuldades. Eu estava situado na Czerningasse, no quarto andar. Meus pais e meus irmãos passavam férias na época, e eu estava sozinho em casa. Um homem jovem, grande e atlético, esquizofrênico, encontrava-se sozinho comigo no apartamento no quarto andar, com as janelas – baixas – abertas. De repente, ele teve um acesso de fúria, me xingou, destratou e, finalmente, parecia querer me atirar para o quintal pela janela. Eu não teria forças para enfrentá-lo. Mas não pedi a ele por minha vida, não mendiguei por nada, fiz que estava muito magoado:

– Veja – disse, – isso me magoa muito: estou fazendo de tudo para ajudá-lo e é assim que você me agradece? Você está terminando com nossa amizade. Eu não teria esperado isso de você. Agora estou realmente magoado.

Em seguida, ele se afastou de mim e deixou que eu o convencesse a procurar proteção contra seus "inimigos" numa clínica. Pois lá, eu lhe disse, ele estaria inacessível aos inimigos, e *somente* lá. Depois, pude acompanhá-lo até um ponto de táxi e durante o caminho ainda lhe afirmei o quanto era ridículo ele ter de pagar pelas baixezas de seus inimigos. Sugeri-lhe não seguir com o táxi direto para a clínica, mas para uma delegacia de polícia. A polícia deveria fazer que ele fosse levado à clínica de ambulância, onde ele seria abrigado automaticamente à custa do Estado, ou seja, de graça.

# A "Anexação"

Não pude manter por muito tempo meu consultório particular como médico especialista em neurologia e psiquiatria. Poucos meses depois de abrir o consultório, as tropas de Hitler entraram na Áustria, em março de 1938. Nesse dia politicamente tão significativo, eu estava, alheio a tal acontecimento, substituindo um colega numa palestra, intitulada "Nervosismo como sinal dos tempos". De repente, alguém escancarou a porta – um homem da SA, totalmente uniformizado. "Isso é possível no governo de Schuschnigg?",[1] eu me perguntei. Evidentemente que esse homem da SA queria atrapalhar a palestra e me obrigar a encerrá-la.

"*Tudo* pode ser possível", pensei. "Fale agora de uma maneira que ele se esqueça do que pretendia fazer! Prenda sua atenção!" Olhei para seu rosto e não parei de falar. E ele ficou parado junto à porta como que tivesse criado raízes, até que eu encerrei minha palestra, meia hora mais tarde. Essa foi a obra-prima retórica da minha vida!

Fui correndo para casa, passando por manifestantes que cantavam, davam vivas e gritavam, entupindo a Praterstraße. Encontrei minha mãe chorando em casa, Schuschnigg tinha acabado de se despedir do povo pelo rádio, que agora tocava uma música incrivelmente triste.

---

[1] Kurt Schuschnigg, *14.12.1897 Riva, Lago di Garda, †18.11.1977 Mutters, Innsbruck. Político e jurista austríaco, teve de renunciar ao cargo de chanceler da Alemanha em 11.3.1938 por pressão dos nazistas.

Cortejo triunfal de Hitler por Viena e comício na praça dos Heróis em 15 de março de 1938

Recordo-me ainda de mais uma coisa sobre o tema, sobre o *dom de falar*: alguns anos mais tarde, quando eu já era o médico responsável da policlínica neurológica, dei uma festa para meus funcionários. Minha mulher embebedou um médico, apenas para descobrir qual era meu apelido entre meus funcionários. Finalmente ele falou. As pessoas me chamavam de "o neuro-goebbels". Minha mulher e eu não achamos ruim. Meu Deus, afinal todo animal tem uma arma para se defender: garras, chifres, ferrões, seja lá o que for – eu tinha o dom de falar. Enquanto eu tiver a palavra final, é melhor não se meter comigo. Aqueles que discutem comigo publicamente, que me atacam, não têm muito do que rir. Quem fica rindo – ou seja, as pessoas do público – estão do *meu* lado.

Depois da invasão das tropas de Hitler as coisas pareciam ter endoidado. Eu não consegui, de jeito algum, obter um visto. Daí me ofereceram a direção do Departamento de Neurologia do Hospital Rothschild. Aceitei. Pelo menos era um cargo que dava a mim e a meus pais alguma proteção contra a transferência para os campos de concentração.

No Hospital Rothschild eu podia desenvolver também trabalhos científicos, apesar da situação precária: houve um tempo que eram internados dez casos de tentativa de suicídio por dia – tão catastrófico era o estado de espírito entre o resto da população judaica de Viena! Nos casos em que os clínicos – especialmente o professor Donath – classificavam o paciente em questão como desenganado, eu lhe prescrevia diversos estimulantes, primeiro de modo intravenoso e, quando nada dava resultado, de modo parenteral. Após sua aprovação pelo relator judeu da câmara médica nazista, a revista *Ars Medici*, da Suíça, publicou um artigo meu a esse respeito.

Nesse sentido, desenvolvi até uma técnica para uma punção cerebral suboccipital – uma técnica que era capaz de afastar uma fonte de riscos muito típica, que fui o primeiro a perceber. Por fim, nos casos em que nem uma injeção intracisternal surtiria efeito, passei a trepanar[2] o crânio, a fim de instilar o remédio num ventrículo lateral, simultaneamente drenando por meio de uma punção

---

[2] Trepanação, técnica cirúrgica que consiste em produzir um orifício em um osso, em especial do crânio.

suboccipital o quarto ventrículo, para que o remédio alcançasse o mais rapidamente possível o fluxo no sentido do aqueduto de Sylvius, onde poderia desencadear uma ação mais rápida nos centros vitais próximos. De qualquer modo, os pacientes que estavam sem pulso e apneicos foram mantidos vivos mais dois ou três dias; *in tabula* eles começaram a hiperventilar.

É preciso lembrar que eu só pude aprender essas neurocirurgias – o diretor Reich, cirurgião do hospital Rothschild, tinha se recusado a fazer algumas – por meio de livros, especialmente do *Dandy*,[3] um manual de medicina. Em sua clínica, o professor Schönbauer não me permitia assistir às intervenções realizadas por ele ou por sua equipe.

Frankl (ao centro) e sua equipe no hospital Rothschild (1940)

Fiquei tão concentrado na neurocirurgia que cheguei a sonhar com diversas delas. O funcionário do Centro Cirúrgico do Hospital Rothschild, que anos antes havia trabalhado com Schönbauer, não quis acreditar quando lhe disse que eu nunca havia operado antes.

---

[3] Dandy, neurocirurgião americano, publicou uma obra fundamental sobre neurocirurgia.

Minha assistente, Dra. Rappaport, protestou contra minhas tentativas de salvar pessoas que tinham tentado cometer suicídio. Daí chegou o dia que a Dra. Rappaport recebeu uma ordem de deportação. Ela tentou se suicidar, foi encaminhada ao meu departamento e chamada de volta à vida por mim – e deportada mais tarde.

Respeito a decisão de uma pessoa de dar um fim à própria vida. Mas eu gostaria que meu princípio – salvar enquanto eu for capaz – também fosse respeitado. Só fui infiel a esse princípio uma única vez. Um casal idoso havia tentado o duplo suicídio e foi encaminhado ao Hospital Rothschild. A mulher havia morrido. O homem estava à beira da morte. Fui consultado se não tentaria salvá-lo. Não consegui. Pois me perguntei se era razoável chamar esse homem de volta à vida – somente para que ele pudesse ir ao enterro da mulher...

O mesmo vale também para pessoas que sabem que têm uma doença incurável, que sabem que não viverão muito, e que esse tempo será muito sofrido. Claro que também esse sofrimento ainda é uma chance, uma possibilidade extrema, de autorrealização. Podemos e devemos apontar essa possibilidade básica mesmo no prognóstico mais reservado. Mas só podemos exigir o *heroísmo* de uma tal autorrealização em situações-limite de uma pessoa apenas – nós mesmos. Isso é tão problemático quanto a afirmação de que alguém preferiria ser mandado ao campo de concentração a se curvar aos nazistas. Tal afirmação pode estar correta, mas na realidade a única pessoa autorizada a defendê-la é quem passou por essa situação, e não alguém que estava vivendo no exterior, em segurança. É fácil julgar os outros *a posteriori*.

A terrível situação do judaísmo na área médica em Viena sob Hitler teve também lados tragicômicos. Os muitos médicos judeus em serviços de pronto-socorro foram demitidos e afastados, sendo substituídos por jovens médicos nazistas, que muitas vezes possuíam pouca experiência. Só assim é possível explicar que uma paciente, ao ser internada no Hospital Rothschild, foi declarada morta por um jovem socorrista. Ela foi encaminhada ao Setor de Necropsias, onde não só acordou em pouco tempo, como também começou a delirar, e de tal maneira que teve de ser colocada numa cama com grades. Suponho que não seja muito comum uma paciente ser transferida do Setor de Necropsias para uma enfermaria do hospital.

Não dá para fugir também de uma certa hilaridade da situação de um paciente meu, com grave caso de epilepsia e que só permanecia sem crises por causa dos medicamentos. Entretanto, ele passou a apresentar os chamados equivalentes, que no seu caso eram crises delirantes. Uma dessas crises delirantes era se pôr no meio da [rua] Rotensterngasse, no segundo distrito, à época ainda muito habitado por judeus, e começar a xingar Hitler abertamente. Eu suspendi imediatamente todos os seus medicamentos, de modo que logo em seguida ele teve uma recaída, ou seja, um ataque epilético, mas foi poupado de outras crises mortais equivalentes na forma de xingamentos contra Hitler.

# Resistência à eutanásia

Pötzl, que não era de modo algum um antissemita, mas que andava com o símbolo do Partido Nazista por ser aspirante ao partido, mantinha sua fidelidade a mim com muita coragem civil e me ajudava, como também a meus pacientes judeus – outros não podiam me consultar naquela época – na medida do possível. Ele não apenas vinha até o hospital judeu para conseguir que meus pacientes com casos de tumor cerebral fossem transferidos para a clínica cirúrgica do hospital universitário; mais do que isso: sabotávamos a eutanásia dos doentes mentais organizada pelas autoridades nazistas.

Descobri algumas camas com grades no asilo de idosos judeu. A Gestapo se encarregava de fazer que os estatutos fossem estritamente seguidos, e pelos quais era proibido aceitar doentes mentais no asilo. Eu descumpria essa cláusula ao proteger a direção do asilo e colocar minha própria cabeça na forca, assinando atestados médicos nos quais classificava de afasia – "ou seja, um sofrimento orgânico cerebral" –, uma esquizofrenia, e uma melancolia de um delírio febril – "ou seja, nenhuma psicose no sentido estrito da palavra". Quando o paciente era aceito no asilo, acomodado em sua cama, uma esquizofrenia, no pior dos casos, podia ser tratada de maneira ambulatorial com um choque de cardiozol[1] ou uma fase melancólica podia ser superada sem risco de suicídio.

---

[1] Choque de cardiozol significa provocar artificialmente um ataque epilético. À época, foi proposto por Meduna como tentativa terapêutica para esquizofrênicos.

Pötzl deve ter tomado ciência disso. Pois, de repente, sempre que recebia um paciente judeu, a clínica de Pötzl informava ao asilo: "Temos um paciente judeu. Vocês o assumem?". O diagnóstico de uma psicose não era mencionado, intencionalmente, nem com uma palavra. Minhas mágicas diagnósticas não deviam ser atrapalhadas. Se alguém estava se propondo a sabotar a eutanásia, nada devia atrapalhar tal esforço. Assim, membros dos nazistas acabaram vítimas da eutanásia, enquanto em muitos casos pacientes judeus puderam escapar dela. Sem Pötzl, isso não teria sido possível.

Lembro-me de que certo dia recebi a ordem de me dirigir para algum lugar na região de Purkersdorf, na companhia de uma assistente social da comunidade cultural, a fim de buscar um homem e uma mulher que tinham sido internados com um antigo casal de cuidadores particulares, onde não podiam mais ficar. No caminho de volta, estava com a assistente social num táxi, e diante de nós estavam mais dois táxis, cada qual com um dos pacientes. Chegando a Hietzing, percebi subitamente que um dos táxis seguiu na direção do nosso carro, enquanto o outro virou à esquerda.

– Por que isso? – perguntei à assistente social.

– Ah – ela disse, – esqueci de mencionar ao senhor. Essa paciente não é judia de verdade, ela foi batizada em algum momento, e no asilo só podem entrar judeus de verdade. Ela infelizmente precisa ser levada ao Steinhof.

Que bifurcação! Para a frente se seguia ao asilo que salvava vidas; à esquerda, para a câmara de gás, via Steinhof! Quem poderia ter sonhado com uma coisa dessas, quando a pobre mulher, anos atrás, sabe-se lá por qual motivo, decidiu abandonar sua crença judaica? Senti um calafrio ao ser testemunha de que tudo pode se tornar uma condenação à morte.

# O visto de saída

Precisei esperar durante anos por um visto que me possibilitasse viajar aos Estados Unidos. Finalmente, um pouco antes da entrada dos Estados Unidos na guerra, fui convocado por escrito para comparecer no consulado e retirar o visto. Daí fiquei pensando se iria embora, deixando meus pais sozinhos. Eu sabia qual o destino que os esperava: a deportação e o campo de concentração. Eu deveria dizer-lhes adeus e simplesmente largá-los à mercê do destino? Afinal, o visto era individual.

Sem ter certeza do que fazer, saí de casa para caminhar um pouco, e pensei: "Essa não é uma situação típica que pede por um sinal dos céus?". Quando voltei, meu olhar se fixou num pequeno pedaço de mármore sobre uma mesa.

– O que é isso? – perguntei ao meu pai.

– Isso? Ah, eu encontrei hoje sobre um monte de destroços, lá onde ficava a sinagoga que foi queimada. Esse pedaço de mármore é parte das tábuas dos mandamentos. Se você se interessar, posso dizer-lhe de *qual* dos dez mandamentos pertencia essa letra hebraica aí cinzelada. Pois só há *um* mandamento com essa inicial.

– Qual é? – insisti com meu pai.

– Honra teu pai e tua mãe, para que se prolonguem os teus dias na terra... – foi o que ele me respondeu.

Então eu fiquei "na terra", junto aos meus pais, e deixei o visto caducar. Essa é a história do pequeno pedaço de mármore.

É possível que minha decisão de ficar já tivesse sido tomada no meu íntimo e que o oráculo, na realidade, nada mais foi do que um eco da voz da consciência.

Em outras palavras, tratava-se de um teste projetivo. Talvez uma outra pessoa tivesse visto o pedaço de mármore apenas como $CaCo_3$ (carbonato de cálcio) – mas isso não seria, da mesma maneira, um teste projetivo, mesmo se a projeção fosse apenas a de seu vazio existencial?...

Nesse sentido, quero ainda mencionar como logo em seguida usei uma técnica psicoterapêutica para postergar em um ano minha deportação e a de meus pais. Certa manhã, fui acordado pelo telefone. Era a Gestapo, a polícia secreta. Eu deveria me apresentar a tais e tais horas no seu quartel-general. Na sequência, perguntei:

– Devo levar uma muda de roupa?

– Sim – foi a resposta. E isso significava que eu não mais voltaria para casa, mas que seria enviado ao campo de concentração. Chegando ao quartel, fui interrogado por um homem da SS. Ele queria saber mais detalhes sobre uma pessoa que havia fugido para o exterior depois de ter feito alguns trabalhos de espionagem. Retruquei dizendo que a conhecia de nome, mas que nunca tínhamos tido nenhum contato pessoal. Daí o homem me perguntou:

– O senhor é psicoterapeuta? Como se trata a agorafobia?

Eu expliquei.

– É que tenho um amigo que sofre de agorafobia. O que devo dizer a ele?

– Diga-lhe para repetir quando tiver medo: "Estou com medo de desmaiar na rua? Bem, é exatamente isso que quero que aconteça: vou desmaiar, as pessoas virão correndo, mais do que isso, terei um derrame; terei um derrame e um infarto, e assim por diante". – Resumindo, eu o instruí como aplicar a técnica logoterapêutica da *intenção paradoxal* no caso "do seu amigo". Eu logo havia adivinhado que se tratava dele mesmo.

De um modo ou de outro, essa Logoterapia (indireta) deve ter funcionado. Pois não tenho outra explicação para o fato de eu e meus pais velhinhos termos podido ficar – depois desse episódio – por mais um ano inteiro em Viena, não sendo (ainda) transferidos para um campo de concentração.

# Tilly

Permanecendo em Viena, tive também a oportunidade de conhecer no hospital minha primeira mulher, Tilly Grosser. Ela era enfermeira na seção do professor Donath. Tilly logo me chamou a atenção porque, na minha opinião à época, ela se parecia com uma dançarina espanhola. Na verdade, acabamos ficando juntos porque Tilly queria que eu me apaixonasse por ela a fim de vingar sua melhor amiga, com quem eu havia começado algo que não foi em frente. Descobri o motivo rapidamente e não escondi isso dela. Ela ficou bastante impressionada.

Seria preciso dizer, porém, que o ponto mais significativo de nosso relacionamento não foi aquele que costumamos imaginar; pois eu *não* me casei com ela por sua beleza, e ela *não* se casou comigo por minha "inteligência" – e nos orgulhávamos disso, por esses *não* terem sido o motivo do nosso casamento.

Claro que eu estava impressionado com sua beleza, mas fui conquistado por sua essência – como posso dizer? –, por sua compreensão da natureza, pela cadência do seu coração. Quero dar um exemplo: a mãe de Tilly estava prestes a perder sua garantia contra a deportação, à qual tinha direito por Tilly ser enfermeira. É que certo dia se decidiu que essa garantia contra a deportação não valia mais para dependentes. Um pouco antes da meia-noite, quando ela caducaria, a campainha tocou. Tilly e eu estávamos visitando a mãe dela. Mas ninguém ousou abrir a porta, tratava-se da intimação à deportação. Finalmente, um de nós foi atender à campainha – e quem estava diante da porta? Um mensageiro da comunidade cultural, convocando-a para assumir na manhã seguinte seu posto como recém-nomeada ajudante da arrumação dos móveis das casas dos judeus recém-deportados.

Ao mesmo tempo, ele entregou à mãe de Tilly um certificado que lhe restituía automaticamente sua garantia contra a deportação.

Tilly Frankl

O mensageiro deixou a casa, nós três voltamos a nos sentar, e nos entreolhamos, sorrimos uns para os outros. A primeira pessoa que conseguiu encontrar uma palavra foi Tilly. E o que ela disse?

– Ora, Deus não é maravilhoso?

Essa foi a teologia mais bonita e, especialmente, a mais breve *summa theologiae*, para falar como os tomistas, que eu já ouvi!

O que me levou a me casar com Tilly? Certo dia ela estava preparando a comida na minha casa, ou melhor, na casa de meus pais, na Czerningasse, quando o telefone tocou. O Hospital Rothschild me chamava com urgência: um clínico tinha acabado de avisar de um caso de envenenamento por soníferos, perguntando-me se eu não poderia empregar minhas artes de neurocirurgia. Não deixei nem que me fizessem um café, coloquei apenas alguns grãos de café na boca e os mastiguei enquanto corria para um táxi.

Duas horas depois, eu estava de volta, o almoço em família estava arruinado. Claro que eu supunha que os outros já tinham comido, o que meus pais realmente haviam feito. Mas Tilly havia esperado e sua primeira reação não foi: "Puxa vida, finalmente você voltou, fiquei esperando com a comida".

– Como foi a operação, como está o paciente? – foi o que ela disse.

Nesse instante, decidi-me a fazer dessa moça minha mulher, não porque ela era isso ou aquilo para mim, mas porque ela era ela.

Já estávamos no campo de concentração quando lhe dei uma lembrancinha que consegui arranjar para o seu 23º aniversário (creio), e escrevi: "Para seu dia, desejo – para mim – que você se mantenha fiel – a você". Ou seja, um paradoxo duplo: era o aniversário dela e eu estava desejando algo para mim e não para ela, e isso consistia em ela se manter fiel a ela mesma e não a mim.

Nós e um outro casal fomos os últimos da população judaica de Viena que receberam autorização de casamento das autoridades nazistas. Em seguida, o cartório de registro civil judeu foi simplesmente dissolvido. O outro casal era meu professor de ginásio, com o qual havia estudado história havia duas décadas, um certo Dr. Edelmann, e sua noiva.

A partir de então, não oficialmente, mas de fato, os judeus estavam proibidos de ter filhos, mesmo se fossem oficialmente casados. Foi simplesmente baixado um decreto que dizia que daquele dia em diante as mulheres judias que estivessem grávidas eram enviadas ao campo de concentração sem maiores delongas. Ao mesmo tempo, a câmara de medicina também foi instruída judicialmente a não colocar nenhum empecilho à interrupção da gravidez em mulheres judias. Tilly teve de sacrificar nosso filho não nascido. Meu livro *The unheard cry for meaning*[1] é dedicado a ele.

---

[1] No Brasil, o livro foi traduzido como *Um sentido para a vida: psicoterapia e humanismo* (Aparecida-SP: Idéias & Idéias, 2005. 159p). (N. E.)

Frankl com sua primeira mulher, Tilly. Foto de casamento (dezembro de 1941)

    Depois de nos casarmos sob uma *chupá*, ou seja, um tipo de céu, tivemos de ir a pé – já que os judeus não podiam tomar táxis – até o fotógrafo, para o registro de praxe. Tilly com seu véu branco de noiva. Em seguida, fomos para casa, mas demos uma paradinha numa livraria próxima no meio do caminho, pois eu vi exposto um livro chamado *Queremos nos casar*. Depois de muita hesitação, resolvemos entrar; Tilly, é claro, ainda estava com seu véu branco, e ambos estávamos com a estrela dourada. Eu não queria perder a oportunidade de me divertir, obrigando-a a pedir o livro. Queria torná-la "*self-assertive*", e assim ela estava lá, de véu branco e a estrela dourada no peito, respondendo ruborizada à pergunta do solícito vendedor:

– *Queremos nos casar*.

Nossa foto de casamento me ajudou também depois da guerra. Depois da Segunda Guerra, fui o primeiro austríaco a ser liberado pelas forças de ocupação para viajar ao exterior, a fim de dar uma palestra num congresso. O tal congresso era em Zurique. A dúvida era se eu conseguiria um visto. De um modo ou de outro, eu não tinha dinheiro suíço, e precisava ser buscado da estação por meus anfitriões suíços, que eram a família na qual Gustav, o irmão da minha primeira mulher, havia vivido durante seu período de emigração suíça. Telegrafei de Innsbruck para Zurique avisando que, para ser reconhecido, colocaria o símbolo da unidade do campo de concentração na casa do botão de meu sobretudo: um triângulo vermelho apoiado numa das pontas.

Em Zurique, esperei em vão por alguém vir me buscar. Ninguém aparecia. Logo, a plataforma – tratava-se da estação Zürich Enge – estava vazia. Daí a figura de uma senhora se destacou da neblina, veio devagar e hesitante em minha direção, segurando uma foto na mão, que não parava de comparar comigo.

– O senhor é o Dr. Frankl? – ela me perguntou.

Daí eu percebei que ela, felizmente, estava com a foto do meu casamento. Se não fosse isso, ela nunca teria me reconhecido. Pois havia tanta gente na estação usando triângulos vermelhos apoiados numa das pontas no buraco do botão, que ela não iria conseguir encontrar o Dr. Frankl. Nessa mesma noite havia começado a assim chamada "ajuda de inverno", uma coleta de donativos, e quem colocasse uma moeda numa das latinhas da ação recebia como uma espécie de recibo um triângulo vermelho apoiado numa das pontas. E *esses* triângulos eram maiores e, por isso, mais chamativos do que o meu.

# Campo de concentração

De volta ao nosso casamento. Nove meses depois estávamos no campo de Theresienstadt. Dois anos mais tarde Tilly continuava lá, protegida contra a deportação porque trabalhava numa fábrica de beneficiamento de mica, importante para as munições. Eu fui listado para ser deportado "para o Leste", para Auschwitz. Como eu sabia que Tilly faria de tudo para me acompanhar (afinal, eu conhecia minha mulher), a proibi de modo categórico de se apresentar voluntariamente para se juntar ao meu transporte. Apresentar-se ao transporte também era perigoso porque poderia ser facilmente considerado sabotagem da produção essencial à guerra. Apesar disso, Tilly se apresentou como voluntária, sem eu saber, e foi aceita sabe-se lá por que motivos.

Durante a viagem ela foi verdadeiramente ela mesma.

– Você vai ver, nós vamos para Auschwitz – ela me sussurrou, depois de uma curta reação de pânico, embora isso fosse algo que ninguém poderia supor àquela altura. E começou de repente a arrumar as malas jogadas pelo vagão superlotado, incentivando os outros a ajudá-la. E aí se acalmou novamente.

Ela estava alegre, exteriormente, nos últimos minutos que passamos juntos em Auschwitz. No momento da separação, ela falou em voz baixa para mim que tinha pisoteado um relógio (pelo que me lembro, era um despertador), para que ele não caísse nas mãos da SS – ela estava visivelmente satisfeita por esse pequeno triunfo. Quando os homens e as mulheres foram separados, disse-lhe enfaticamente, de maneira que ela realmente compreendesse o que eu estava querendo exprimir:

– Tilly, fique viva a qualquer preço. A qualquer preço, entendeu?

Caso houvesse uma oportunidade de salvar a própria vida trocando-a por favores sexuais, eu queria que ela não se constrangesse por minha causa. Por meio dessa absolvição quase *a priori*, queria impedir de eu próprio me sentir culpado por tal constrangimento, que poderia lhe custar a vida.

Logo depois da libertação em Türkheim, na Baviera, atravessei um campo e encontrei um trabalhador estrangeiro que também havia acabado de ser libertado, e que brincava com algo pequeno nas mãos enquanto conversávamos.

– O que é isso? – eu lhe perguntei.

Ele abriu a mão e pude ver um pequeno globo terrestre dourado, com os oceanos esmaltados em azul e um círculo dourado no lugar do Equador, com a inscrição: "O amor faz o mundo girar". Era um pingente – *um* pingente? Era o mesmo pingente que eu tinha dado a Tilly no seu primeiro aniversário que passamos juntos. Um pingente igual; não seria o mesmo? Muito provavelmente sim, pois quando o comprei, soube que só havia duas peças em Viena. E em Bad Wörishofen, que fica ao lado de Türkheim, uma loja na qual a SS guardava imensas quantidades de joias, cuja origem só podia ser Auschwitz, havia sido saqueada. Comprei o pingente do homem. Ele estava um pouco amassado, mas o amor continuava fazendo o mundo girar...

Mais um último detalhe sobre o tema: na primeira manhã que eu passei novamente em Viena, em agosto de 1945, soube que Tilly tinha morrido em Bergen-Belsen. E que morreu depois da libertação pelas tropas inglesas. Eles haviam encontrado 17 mil cadáveres por lá, e durante as primeiras seis semanas esse número aumentou em outros 17 mil. Tilly devia estar nessa última leva. Também me contaram que à noite, nas fogueiras dos seus acampamentos, os ciganos cozinhavam partes dos cadáveres em caçarolas, especialmente os fígados. Durante semanas fui perseguido pela imagem de ciganos comendo o fígado de Tilly...

# Deportação

De volta ao tempo da minha deportação. Quando os acontecimentos escalaram e eu tive de me preparar para ser deportado de um dia para o outro, juntamente com meus pais, sentei-me e escrevi a primeira versão do meu livro *Psicoterapia e sentido da vida*. Pelo menos a quintessência da Logoterapia devia sobreviver.

E quando chegou a hora de eu ser levado a Auschwitz, o manuscrito estava costurado debaixo do forro do meu casaco. Claro que ele se perdeu. (Embora uma cópia dessa primeira versão tenha aparecido depois da guerra. Mas daí a segunda versão estava quase pronta, e as muitas observações que eu havia inserido ainda antes da entrada em Auschwitz permaneceram perdidas.) Quando cheguei a Auschwitz, tive de me despir de tudo: as roupas e os últimos pertences que ainda carregava, entre eles meu maior orgulho, o símbolo do clube alpino "Donauland", que me certificava como guia de escaladas.

Falei de Auschwitz. Tive antes uma pequena prova de um campo de concentração de verdade, em oposição ao "gueto-modelo" Theresienstadt, na chamada "Pequena fortaleza", um campo de concentração na periferia do campo de Theresienstadt. Depois de poucas horas de trabalho, fui levado de volta para minha barraca com 31 feridas, grandes e pequenas, por um gângster vienense – ainda voltarei a falar dele. Tilly me encontrou numa rua em Theresienstadt e veio falar comigo:

– Pelo amor de Deus, o que fizeram com você?

Na barraca, ela cobriu meus ferimentos e cuidou de mim – a enfermeira formada. E à noite, para me distrair um pouco, ela me levou para uma outra caserna até um evento não totalmente legal, onde famosos músicos de jazz de Praga, também prisioneiros, tocavam alguma coisa, o que se tornou durante algum tempo o "hino nacional" não oficial dos judeus de Theresienstadt: *"Bei mir bist du schön"*.

O contraste entre torturas indescritíveis pela manhã e o jazz à noite foi tão típico para nossa existência com todas suas contradições de beleza e feiúra, humanidade e desumanidade.

Frankl (o primeiro à esquerda) com os colegas de escalada do clube alpino "Donauland"

# Auschwitz

Nunca escrevi sobre o que aconteceu durante a primeira seleção na estação em Auschwitz. Trata-se de um detalhe. Nunca escrevi a respeito pelo simples motivo de que até hoje não estou bem certo se não é coisa da minha imaginação.

Trata-se do seguinte: o Dr. Mengele virou meus ombros não para a minha direita, ou seja, em direção ao sobreviventes, mas para a esquerda, em direção àqueles que iam para a câmara de gás. Mas como não encontrei nenhum conhecido entre as pessoas escolhidas imediatamente antes de mim, e como também percebi que alguns colegas jovens tinham sido direcionados para a direita, dei a volta *por trás das costas do Dr. Mengele* e acabei, felizmente, entrando na fila da direita. Deus sabe como tive essa ideia e de onde tirei a coragem para isso.

O famigerado médico Mengele na estação de Auschwitz durante a "seleção"
(Foto: Auschwitz-Museum)

E mais uma coisa que nunca revelei nos livros em língua alemã: em vez da minha roupa impecável, precisei usar um sobretudo velho, todo desfiado e esburacado, que parecia ser de alguém morto na câmara de gás. Num dos bolsos havia uma página arrancada de um livro de orações, onde se lia, em letras hebraicas, a principal oração judaica, "Shemá Israel". Num dos meus livros americanos, me pergunto: como poderia interpretar essa "coincidência" senão no sentido de um desafio de *viver* o que eu tinha escrito? A partir desse momento a página do livro de orações permaneceu escondida na minha roupa, assim como antes o manuscrito perdido do meu livro. Tenho uma sensação estranha quando relembro que eu pude salvar os papéis com os quais reconstruí o manuscrito do livro – em liberdade –, enquanto a folha do livro de orações perdeu-se inexplicavelmente durante minha libertação.

Mencionei um gângster. Em Auschwitz, ele tinha se tornado *capo*, como muitos outros criminosos também. Aconteceu o seguinte em Auschwitz: eu deveria ser o centésimo homem de um grupo de cem que estavam destinados a um transporte. De repente, esse mesmo gângster se atraca com outro preso, desfere-lhe uns golpes de boxe, chuta-o com os saltos dos seus sapatos em direção ao grupo dos cem homens, e me tira dali. Ele xinga obscenamente o outro preso, dizendo que ele queria se safar, me empurrando para a frente. Quando percebi que era uma encenação, os cem homens já tinham partido, marchando. O gângster – meu protetor – deve ter ouvido que as pessoas estavam destinadas ou à câmara de gás ou a um transporte altamente perigoso. Estou convencido de que devo minha vida a ele, entre outros.

Mais tarde, no campo Kaufering III, Benscher – futuro ator de televisão de Munique – certa vez me salvou a vida. Vendi-lhe um cigarro em troca de uma sopa rala, mas que cheirava a carne de porco defumada. Enquanto eu a sorvia, ele ficou conversando comigo e me implorou a superar a atitude pessimista que eu tinha à época – um sentimento básico, como pude observar nos outros presos, que teria levado inevitavelmente à autorrenúncia e, cedo ou tarde, à morte.

Depois de pegar febre tifoide em Türkheim, eu estava próximo da morte. Passava o tempo pensando que meu livro não seria publicado. Mas eu aceitei uma renúncia. "Que vida seria essa", pensava, "cujo sentido é apenas e unicamente publicar ou não um livro?" Depois que Abraão se dispôs a sacrificar seu filho, seu único filho, é que apareceu o carneiro. Eu tinha de estar preparado para sacrificar meu filho espiritual – pelo visto, apenas depois é que eu seria considerado digno para publicar meu livro, *Psicoterapia e sentido da vida*.

Cadáveres carbonizados de prisioneiros do campo de concentração Kaufering III, depois de o campo ter sido incendiado por homens da SS em fuga ao final da guerra. (A foto é de autoria de um oficial do exército americano, cuja tropa libertou o campo.[1])

---

[1] De uma carta do professor Robert C. Barnes, presidente do "Viktor Frankl Institute of Logotherapy" americano e do 10º Congresso Mundial de Logoterapia (Dallas, Texas, 1995), descubro que ele "*done research through the Pentagon in Washington, D.C., in an attempt to locate any survivors of the Army regiment from Texas that liberated you from the camp at Türkheim. If you had been able to be with us, we had hoped to encourage even a small reunion of those men with you at that time. We have been able to locate, and we have in our possession, the uniform worn by the second man through the gate on the memorable day. His widow has provided us with this army uniform. His name was TSgt Barton T. Fuller*" ["fez uma investigação por intermédio do Pentágono em Washington, DC, na tentativa de localizar os sobreviventes do regimento do Texas que libertou você do campo de Türkheim. Se tivesse sido possível você estar entre nós, poderíamos ter tentado organizar uma pequena reunião daqueles homens que estiveram com você naquela época. Conseguimos localizar, e está em nossas mãos, o uniforme usado pelo segundo homem que passou pelo portão no memorável dia. Sua viúva cedeu esse uniforme do exército para nós. O nome dele era Sgt. Barton T. Fuller"]. Se eu não estivesse impossibilitado de participar do Congresso por motivo de doença, teria me ajoelhado e beijado o uniforme.

As barracas semissubterrâneas do campo Kaufering III

Depois de sobreviver à febre tifoide, comecei a sofrer de alguns distúrbios respiratórios dolorosos durante a noite que dificultavam a respiração. Eu estava totalmente desesperado e resolvi procurar, no meio da noite, a barraca do médico--chefe do campo – Dr. Racz, um colega húngaro, também ele prisioneiro. Nunca vou me esquecer de como foi terrível ter de me arrastar pelos cerca dos cem metros que separavam nossas barracas numa escuridão total, pois era estritamente proibido deixá-las durante a noite. O vigia, lá do alto de sua torre de observação, podia me descobrir e usar sua metralhadora contra mim. Eu podia escolher entre morrer por sufocamento ou ser assassinado.

Nunca tive, na realidade, sonhos em relação às provas escolares decisivas – mas até hoje sonho constantemente que estou num campo de concentração. Parece que o campo de concentração foi minha verdadeira prova de maturidade. Eu não precisaria ter passado por ela – eu poderia ter escapado, conseguindo emigrar a tempo para os Estados Unidos. Lá eu poderia ter desenvolvido a Logoterapia, lá poderia ter completado a obra da minha vida, realizado as tarefas da minha vida, mas não foi isso que fiz. E assim cheguei a Auschwitz. Esse foi o *experimentum crucis.* A capacidade primordial humana da *autotranscendência* e a do *autodistanciamento*, como tanto enfatizo nos últimos anos, foi verificada e validada existencialmente no campo de concentração. Esse empirismo, no sentido mais abrangente, confirmou o *"survival value"* (para me expressar com a terminologia psicológica americana) que corresponde à "vontade de sentido", como eu a chamo, ou à autotranscendência – a existência humana que ultrapassa a própria pessoa em relação a algo que não é ela mesma. *Ceteris paribus*, aqueles mais propensos a sobreviver eram os orientados para o futuro, para um sentido, cuja realização os aguardava no porvir. Nardini e Lifton, dois psiquiatras da marinha, ou seja, militares, chegaram à mesma conclusão com prisioneiros de guerra japoneses e norte-coreanos.

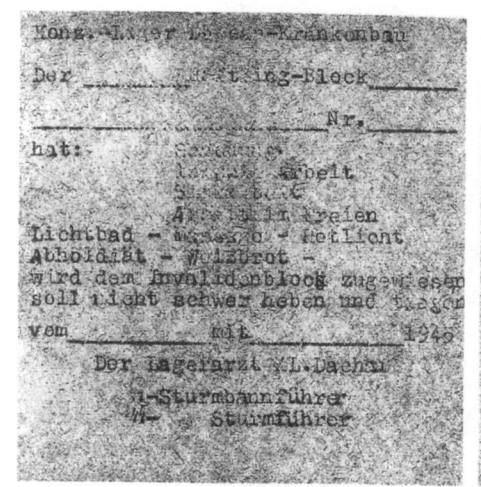

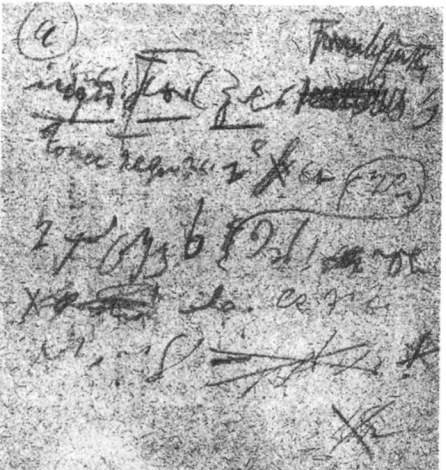

Formulários da SS com as palavras-chave rabiscadas no verso, que serviriam para a reelaboração do manuscrito, destruído em Auschwitz, de *Ärztliche Seelsorge* (que no Brasil foi traduzido com o título *Psicoterapia e sentido da vida*)

De minha parte, estou convencido de que meu firme propósito de reelaborar meu manuscrito perdido contribuiu à minha própria sobrevivência. Comecei com isso quando peguei febre tifoide e queria ficar acordado à noite, para não sofrer um colapso vascular. Um colega me presenteou com um lápis quando fiz quarenta anos e arranjou, sabe-se lá como, alguns minúsculos formulários da SS em cujo verso eu – ardendo em febre – rabiscava palavras--chave estenografadas, com a ajuda das quais pensava em reescrever o livro *Psicoterapia e sentido da vida*.

Elas também foram muito úteis para, mais tarde, concretizar minha disposição e trazer para o papel a segunda versão de meu primeiro livro – agora enriquecido com a confirmação exemplar da minha teoria, mesmo numa situação limite como Auschwitz. O capítulo extra sobre a psicologia dos campos de concentração foi elaborado *in loco*.

Relatei como isso se deu – autodistanciamento *par excellence* – no primeiro Congresso Internacional de Psicoterapia, em Leiden, na Holanda:

Inscrições tumulares em memória dos membros da família Frankl
mortos em diversos campos de concentração

– Tentei, repetidas vezes, distanciar-me de todo o sofrimento que nos rodeava, à medida que tentava objetivá-lo. Desse modo, lembro-me de que certo dia saí do campo, quase não conseguindo suportar a fome, o frio e as dores dos pés inchados pela falta de comida, e por esse motivo, congelados e purulentos, metidos em sapatos abertos. Minha situação parecia desesperadora e desesperançada. Daí imaginei estar numa tribuna de um grande salão de conferência, bonito, quente e claro, na iminência de dar uma conferência com o título "Experiências psicoterapêuticas no campo de concentração" (realmente proferi uma conferência com esse título no Congresso),[2] e eu estava falando de tudo o que eu vivenciava no momento. Acreditem, senhoras e senhores, naquele instante não poderia imaginar que realmente teria oportunidade de dar essa conferência.

Passei três anos em quatro campos de concentração, em Theresienstadt, Auschwitz, Kaufering III e Türkheim. Sobrevivi, mas no que se refere à minha família – com exceção de minha irmã –, poderia usar as palavras de Rilke: O Senhor deu a cada um sua própria morte. Meu pai morreu no campo de Theresienstadt praticamente em meus braços; minha mãe chegou a Auschwitz e foi mandada para o gás; meu irmão, como ouvi dizer, foi enviado para um campo secundário de Auschwitz e supostamente morreu numa mina.

Faz algum tempo, minha velha amiga Erna Felmayr me mandou um poema escrito por mim em 1946 num bloco de receituário e que eu havia entregue a ela. Este poema reflete meu estado de espírito à época:

> *Ihr lastet so auf mir, ihr meine Toten:*
> *ihr seid um mich als schweigende Verpflichtung,*
> *für euch zu sein; so ist mir nun geboten*
> *zu tilgen, was euch schuldet die Vernichtung,*
> *bis ich erfahre, dass in jedem Glühen*
> *der Sonne euer Blick um Ausdruck ringt,*
> *bis ich gewahre, dass in allem Blühen*
> *des Baums ein Toter da ist, der mir winkt,*

---

[2] Anais do Congresso, Strengholt, Amsterdã, 1953.

> *bis ich vernehme, dass ihr jedem Vogel*
> *zu seinem Zwitschern eure Stimme leiht:*
> *sie will mich grüssen – oder vielleicht sagen,*
> *dass ihr mein Weiterleben mir verzeiht.*[3]

Quando o prefeito de Austin, a capital do Texas, me nomeou seu cidadão honorário, respondi:

– Na realidade, não é adequado me nomear cidadão honorário. Seria muito mais adequado que eu o nomeasse logoterapeuta honorário. Pois se não fossem tantos jovens do Texas, e entre eles alguns de sua cidade, que arriscaram ou até sacrificaram suas vidas para libertar a mim e a tantos outros do campo de concentração Türkheim (e *tratava-se* de tropas do Texas!), não haveria nenhum Viktor Frankl depois de 1945 e, desse modo, até hoje, nem a Logoterapia. – O prefeito estava com lágrimas nos olhos.

Depois da minha libertação, voltei para Viena. Não parei de escutar a pergunta:

– Viena não machucou você e os seus o suficiente?

Afinal, meu pai morreu no campo de Theresienstadt, minha mãe foi para a câmara de gás em Auschwitz, meu irmão também morreu em Auschwitz, e minha primeira mulher, com 25 anos, em Bergen-Belsen. Mas minha réplica era outra pergunta:

– Quem foi que me fez o quê?

Havia uma baronesa católica em Viena que durante anos escondeu uma prima minha em sua casa, mesmo correndo risco de morte. E havia também um advogado socialista que eu conhecia apenas superficialmente, que não tinha nenhum relacionamento comigo, mas sempre que possível me trazia algo

---

[3] Tradução livre: "Vocês me pesam tanto, meus mortos: / vocês estão ao meu redor como obrigação silenciosa / de servi-los; assim é preciso / pagar pelo que o extermínio lhes deve / até eu descobrir que em cada raio / de sol seu o olhar luta por aparecer / até eu distinguir que em todas as flores / é a obra de um morto que me acena / até eu perceber que para cada pássaro / trinar, vocês emprestaram sua voz / ela quer me cumprimentar, ou talvez dizer / que vocês perdoam que eu continue a viver". (N. T.)

roubado e escondido para comer. (Tratava-se, aliás, do futuro vice-chanceler Bruno Pittermann.) Que motivo eu teria para virar as costas para Viena?

Frankl – aqui com a mulher Elli e o prefeito de Austin – é nomeado cidadão honorário da capital do Texas (1976)

# Sobre a "culpa coletiva"

Quem fala de *culpa coletiva* comete uma injustiça consigo próprio. Em todas as oportunidades possíveis, manifestei-me contra a culpa coletiva. No meu livro sobre o campo de concentração – um livro cuja tradução para o inglês vendeu mais de nove milhões de exemplares (apenas nos Estados Unidos) – conto a seguinte história:

> O chefe do campo no qual estive por último e do qual fui libertado era um homem da SS. Depois da libertação do campo, descobriu-se algo que até então apenas o médico do campo (também ele prisioneiro) sabia: o chefe do campo cedia, do próprio bolso, quantias significativas de dinheiro para comprar remédios, destinados aos prisioneiros, na farmácia de um mercado próximo.
> A história teve uma continuação: depois da libertação, os prisioneiros judeus esconderam o homem da SS das tropas americanas e explicaram ao comandante que iriam entregá-lo única e exclusivamente com a condição de não lhe tocarem num único fio de cabelo. O comandante americano deu sua palavra de honra de oficial e os prisioneiros judeus apresentaram o antigo chefe do campo. O comandante americano voltou a nomear o homem da SS como chefe do campo – e o homem da SS organizou coleta de alimentos e de roupas para nós entre a população dos vilarejos vizinhos.

Em 1946, colocar-se contra a culpa coletiva, ou ainda apoiar um nazista, como fiz, não era uma atitude popular. Isso me trouxe aborrecimentos suficientes do lado de diversas organizações. Naquela época, eu escondi no meu apartamento um colega de profissão que tinha algum destaque na juventude hitlerista, e que me disse estar sendo perseguido pela polícia para ser colocado diante de um júri popular – cujo veredicto era somente liberdade ou pena de morte. Desse modo, mantive-o longe dos tribunais.

Certa vez, em 1946, durante uma palestra que tinha de dar na zona de ocupação francesa, coloquei-me contra a culpa coletiva. O comandante das tropas, um general, estava presente. No dia seguinte, um professor universitário, antigo oficial da SS, veio falar comigo e me perguntou – ele estava com lágrimas nos olhos – como exatamente eu tinha tido coragem de levantar a voz contra um julgamento generalizado.

– *O senhor* não pode fazer isso – respondi a ele. – O senhor falaria *pro domo*. Mas eu sou o ex-prisioneiro número 119104 e isso me permite fazê-lo, e por isso *tenho* de fazê-lo. As pessoas acreditam em mim, e isso é um dever.

# A volta para Viena

Ainda no campo de concentração, jurei para mim mesmo ocupar-me imediatamente de Pötzl, caso eu voltasse a Viena algum dia. Desse modo, meu primeiro caminho me levou até ele. Eu acabara de saber que também minha primeira esposa havia morrido. Meu antigo professor foi o primeiro diante de quem desabafei. Infelizmente, porém, não pude ajudá-lo: naquele mesmo dia, ele foi exonerado definitivamente de seu cargo por seu passado nazista. Ele e todos os outros meus amigos temiam por minha vida, achando que eu poderia cometer suicídio. Pittermann me obrigou a assinar uma página em branco, que depois ele transformou num requerimento para uma vaga de direção. Assim, os 25 anos seguintes fui diretor da Policlínica Neurológica de Viena.

Num dos primeiros dias de volta a Viena, procurei meu amigo Paul Polak e informei-lhe da morte de meus pais, de meu irmão e de Tilly. Lembro-me de que comecei a chorar de repente, e disse a ele:

– Paul, quando passamos por tanta coisa assim, quando somos tão duramente postos à prova... confesso que é nessa hora que tudo precisa ter um sentido. Tenho a impressão, não consigo dizer de outra maneira, de que algo estaria à minha espera, de que algo estaria sendo esperado de mim, de que eu era destinado a alguma coisa.

Em seguida me senti aliviado. Nessa época, porém, ninguém poderia ter me compreendido melhor, mesmo que em silêncio, do que o bom Paul Polak.

Otto Kauders, sucessor de Pötzl como diretor da Clínica Psiquiátrica Universitária, me incentivou a escrever uma terceira versão para *Psicoterapia e sentido da vida*, usando-a para meu doutorado. Essa era a única coisa que podia ter algum significado para mim. Pus-me a trabalhar.

Frankl em 1946

Eu não parava de ditar, três datilógrafas tinham de se revezar para dar conta de todas as passagens estenografadas e gravadas – tal a quantidade de ditados, brotando da alma, em salas sem aquecimento, pouco mobiliadas, "envidraçadas" com papelão. Eu andava pelos aposentos para cima e para baixo falando. De vez em quando, ainda consigo ver a cena, caía exausto numa cadeira e começava a chorar. Estava tão emocionado com minhas próprias lembranças, que muitas vezes ainda me apareciam com uma dolorosa clareza. As comportas tinham sido abertas...

A Policlínica de Viena no 9º Distrito

Em 1945, ditei em nove dias o livro sobre o campo de concentração, que depois foi vendido aos milhares nos Estados Unidos. Durante os ditados, eu estava decidido a publicá-lo anonimamente, para conseguir me expressar mais à vontade. Por esse motivo, a capa da primeira edição não traz o meu nome. O livro já estava na gráfica havia tempos quando meus amigos me convenceram a assinar o seu conteúdo. Não consegui me contrapor a esse argumento e ao apelo deles à minha coragem.

Não é curioso o fato de que exatamente o livro que escrevi sabendo que seria publicado anonimamente e que nunca me traria sucesso pessoal – exatamente esse livro – se tornasse um *best-seller*, até mesmo para os padrões americanos? Ele foi escolhido cinco vezes como o "livro do ano" por diversas faculdades dos Estados Unidos. Na maioria delas, é também de leitura obrigatória.

Em Kansas, a Baker University orientou durante três anos seu curso sobre o tema do livro, sim, sobre seu título – *Man's search for meaning*. Conheço um mosteiro trapista, em cujo refeitório, durante o almoço, eram lidas passagens do meu livro. E conheço uma igreja católica na qual aconteceu o mesmo durante a missa de domingo. Conheço freiras que imprimiram para suas alunas universitárias marcadores de livros com citações do meu livro, e conheço um professor universitário que pediu aos seus estudantes de filosofia um trabalho escrito com o seguinte título: "Se Sócrates e Frankl estivessem estado *juntos* na prisão, como seria seu livro?".

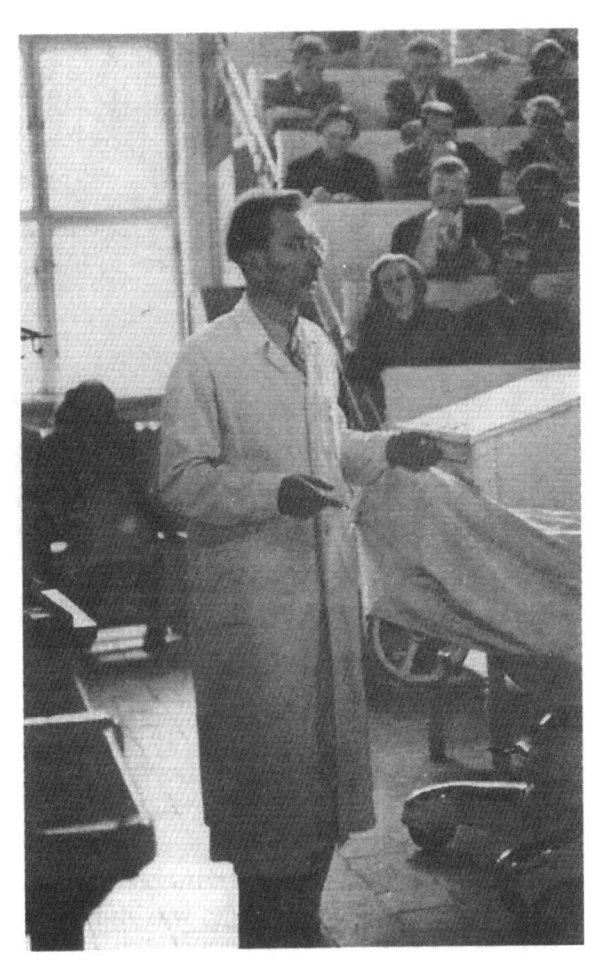

Frankl durante sua aula no auditório da Policlínica (1948)

A receptividade da juventude americana ao meu livro é simplesmente emocionante. E não é fácil explicar que é assim. Por sugestão de Gordon Allport, que escreveu o prefácio ao livro, a edição americana traz uma segunda parte, teórica, que é uma introdução à Logoterapia. Ela é o destilado teórico, oriundo do relato das vivências nos campos de concentração, e esta última é um esboço autobiográfico, serve também como uma exemplificação existencial. O livro se polariza em duas partes, e as duas partes potencializam-se mutuamente.

Capa da primeira edição de *Ein Psychologe erlebt das KZ*
(à época ...*trotzdem ja zum Leben sagen* [edição brasileira: *Em busca de sentido*]).
O layout é de V. E. Frankl, inspirado em vivências pessoais

Em parte é isso que faz o livro funcionar. Como era mesmo a dedicatória que certa vez apus no livro? "Não é fácil escrever com o próprio sangue. Mas é fácil escrever bem com ele". "*Frankl writes like a man who lives like he writes*" ["Frankl escreve como um homem que vive como se escreve"], afirmou um prisioneiro do famoso presídio de San Quentin em San Francisco em sua resenha de *Man's search for meaning* que apareceu na *San Quentin Review*, publicação editada pelos internos.

O que mais traz alegria e encorajamento é o fato de que ainda hoje o livro pode trilhar seu caminho, que não precisa ser "construído" por *lobbies* ou grupos de pressão. Se dependesse dos editores, ele nem teria sido publicado. Isso aconteceu única e exclusivamente graças à atuação de Allport. E mesmo então os direitos para uma edição de bolso foram repassados por duzentos dólares, de editor a editor, até o último fazer o grande negócio. *Habent sua fata libelli*. No que se refere ao *Psicoterapia e sentido da vida*, ele foi o único livro austríaco a integrar uma lista dos livros que mereciam ser traduzidos, montada por uma comissão oficial americana que percorreu a Europa nos primeiros anos do pós-guerra.

Podem acontecer situações engraçadas até com os editores europeus interessados num livro meu. Certo dia, um editor de Portugal me escreveu dizendo querer publicar *Man's search for meaning* em português. Tive de alertá-lo que ele próprio já o tinha editado anos atrás. A publicidade que sua editora dedicou a mim parece não ter sido suficiente para que a divulgação da edição portuguesa do meu livro chegasse nem mesmo a ele. Na Noruega, por sua vez, há um editor que uma vez me disse que, infelizmente, não podia lançar uma edição em norueguês de determinado livro meu – embora o título já estivesse havia algum tempo em seu catálogo.

O editor americano estava garantido por uma subvenção oficial, de maneira que não precisou correr nenhum risco financeiro. Mas apenas uma década mais tarde a renomada editora nova-iorquina Knopf ousou aceitá-lo. Do ponto de vista comercial, ela não deve ter tido nenhum arrependimento. Em 1945, quando entreguei os manuscritos dos meus dois primeiros livros, não tinha nenhuma expectativa de que eles alcançassem tamanho sucesso comercial no exterior. (No fim das contas, meus livros foram traduzidos para 24 línguas, incluindo japonês, chinês e coreano.) Mesmo assim, uma das coisas mais maravilhosas da minha vida na época foi colocar o manuscrito da versão final de *Psicoterapia e sentido da vida* debaixo do braço e levá-lo até meu primeiro editor, Franz Deuticke (que também foi o primeiro editor de Freud).

Assim, a Terceira Escola Vienense de Psicoterapia, a Logoterapia, estava criada de maneira excepcional. Se podemos acreditar em J. B. Torello, ela é o último sistema completo da história da psicoterapia. Realmente, sempre me esforcei ao máximo para conseguir as formulações mais precisas, que eu burilava até ficarem lapidadas como cristais, tão transparentes que deixassem visíveis uma verdade que estava por trás delas.

# Sobre escrever

Tenho facilidade para falar, mas não para escrever – isso me custa muito *sacrifício*. Embora eu tivesse preferido estar nas montanhas escalando, passei muitos domingos de tempo magnífico em casa, junto à escrivaninha, trabalhando nos meus manuscritos.

Minha mulher dividiu comigo os sacrifícios. Pode ser que Elli tenha se sacrificado até mais do que eu, a fim de criar o trabalho de minha vida – sacrifício e abnegação. Ela não me complementa apenas de modo quantitativo, mas também qualitativo – o que eu faço com o cérebro, ela faz com o coração; ou como o professor Jacob Needleman expressou tão bem certa vez, não somente porque ela me acompanha em todas minhas conferências, mas porque ela é o calor que acompanha a luz.

Em um dos meus livros, há uma página que ditei dezenas de vezes, sempre mudando alguma coisa, e a formulação final de uma determinada frase me custou três horas. Quando dito, estou tão imerso na matéria que esqueço tudo ao meu redor, perco até a noção das horas. Uma vez eu estava na cama – com o gravador ao meu lado e o microfone na mão – e comecei a falar, embora Elli tenha me avisado que precisávamos tomar um trem dali a meia hora. Para me alertar mais uma vez, ela passou devagar em silêncio pelo quarto. Então lhe disse, profundamente envolvido no ditado, para o qual também costumo indicar a pontuação:

– Elli, travessão, por favor me deixe usar o banheiro, ponto de exclamação!

Só fui perceber que tinha falado com ela usando a estrutura do ditado depois que ela começou a rir.

VIKTOR E. FRANKL
Ärztliche Seelsorge
FRANZ DEUTICKE WIEN
1946

VIKTOR E. FRANKL
...trotzdem
ja
zum Leben sagen
DREI VORTRÄGE
FRANZ DEUTICKE / WIEN
1946

VIKTOR E. FRANKL
Die Psychotherapie in der Praxis
EINE KASUISTISCHE EINFÜHRUNG FÜR ÄRZTE
WIEN
FRANZ DEUTICKE
1947

FROM DEATH-CAMP
FROM DEATH-CAMP TO EXISTENTIALISM
A PSYCHIATRIST'S PATH TO A NEW THERAPY
BY VIKTOR E. FRANKL

В.ФРАНКЛ
человек в поисках смысла
БИБЛИОТЕКА ЗАРУБЕЖНОЙ ПСИХОЛОГИИ

Reconheço em mim um perfeccionismo semelhante ao de Saint-Exupéry, que disse certa vez: "A perfeição não significa que não há mais nada a ser acrescentado, mas que não há mais nada a ser deixado de fora".

De algum modo, isso pode também depender do caráter sistemático de uma teoria. E da consciência do método, no qual ela é aplicada na prática médica. Muitos ouvintes e leitores me disseram e escreveram que sempre foram logoterapeutas, mas sem sabê-lo. Isso é um ponto a favor da Logoterapia, mas também o quanto é certo – o quanto é importante – inserir uma técnica como a intenção paradoxal em um sistema e desenvolvê-la como método. E, em relação a isso, a Logoterapia pode requerer uma primazia. Mas a técnica foi praticada por outros já antes de 1949, ou seja, ainda antes do meu trabalho publicado na *Schweizer Archiv für Neurologie und Psychiatrie* [*Arquivos suíços para neurologia e psiquiatria*], quando a descrevi pela primeira vez. Por esse motivo, em meu livro *A psicoterapia na prática*, listo todos os meus antecessores dos quais tive conhecimento, independentemente de quanto não sistemática e não metódica tenha sido sua prática.

Os Frankl em Rax, região montanhosa da Baixa Áustria

# Repercussão dos livros e artigos

No que se refere ao eco que meus livros e artigos provocaram, os que mais me deram satisfação são as cartas dos leitores dos Estados Unidos. Não se passa nem uma semana sem que eu receba uma carta dessas, com a típica expressão: *"Doctor Frankl, your book has changed my life"* ["Dr. Frankl, seu livro mudou minha vida"].

Certo dia, pouco tempo depois da Segunda Guerra Mundial, recebi uma visita. Elli me avisou se tratar do engenheiro Kausel, "Mas certamente não é o famoso Kausel que acabou de ser solto da prisão".

– Por favor, peça que ele entre logo.

Ele entra.

– Meu nome é Kausel. Não sei se o senhor ouviu falar de mim pelos jornais.

Eu *tinha* ouvido falar dele – todos estavam convencidos de que ele havia assassinado uma mulher, e tudo depunha contra ele. O *verdadeiro* criminoso foi descoberto por puro acaso.

– E o que posso fazer pelo senhor, engenheiro? – perguntei.

– Nada. Vim apenas para agradecer-lhe. Eu estava desesperado na prisão, ninguém queria acreditar na minha inocência. Daí alguém me trouxe um livro seu. Foi a única coisa que me deu alento.

– Verdade? – perguntei. – Em que sentido?

E ele disse tratar-se de implementar "valores de atitude". Ele se tornou totalmente concreto, de modo que era possível notar que havia compreendido a Logoterapia, aplicando-a a uma situação concreta. E que a Logoterapia realmente pôde ajudá-lo.

Na Ásia, havia um país governado por um ditador, no qual as últimas eleições tinham sido invalidadas e o candidato contrário ao ditador fora preso. Em uma entrevista à revista *Newsweek*, ele respondeu assim à pergunta sobre como tinha conseguido suportar tantos anos de prisão numa solitária:

– Minha mãe me mandou o livro de um psiquiatra vienense chamado Viktor Frankl, e isso me deu alento.

# Encontros com filósofos importantes

Frankl em visita a Martin Heidegger

No que se refere às minhas próprias vivências, uma das mais caras é a discussão que tive com Martin Heidegger,[1] quando ele me visitou durante sua primeira estada em Viena. No livro de visitas, ele anotou: "Como lembrança de

---

[1] Martin Heidegger, *26.9.1889 Meßkirch, Baden, †26.5.1976 Freiburg. Filósofo existencialista; principal obra: *O ser e o tempo* (1927); suas reflexões sobre a questão do sentido tiveram grande influência na teologia e na psicologia.

uma manhã de visita bela e instrutiva". A dedicatória, que ele colocou debaixo de uma fotografia que registra nossa visita a um "*Heuriger*"[2] vienense também merece ser registrada: *Das Vergangene geht. Das Gewesene kommt.*[3]

Assim como nesse caso, passei várias vezes pela experiência de que os verdadeiramente grandes, aos quais eu levantava o olhar, apesar de terem o direito de me fazer tantas críticas, foram tolerantes e sempre relevaram as insuficiências dos meus esforços, conseguindo enxergar por trás deles algo de positivo. Foi assim não só com Martin Heidegger, mas também com Ludwig Binswanger,[4] Karl Jaspers[5] e Gabriel Marcel.[6]

Karl Jaspers me disse, literalmente, quando o visitei na Basileia:

– Senhor Frankl, conheço todos os seus livros, mas um deles, esse sobre os campos de concentração (e apontou para sua biblioteca, para meu livro sobre os campos), esse faz parte dos poucos grandes livros da humanidade.

E Gabriel Marcel escreveu uma introdução à edição francesa do meu livro sobre os campos de concentração.

---

[2] "Heuriger": termo austríaco para vinho da última safra; também designa o estabelecimento que serve esse tipo de vinho. (N. T.)

[3] "O que passou, foi. O que aconteceu, vem." (N. T.)

[4] Ludwig Binswanger, *13.4.1881 Kreuzlingen, †5.2.1966. Psiquiatra suíço, ampliou a psicoterapia com a assim chamada Daseinsanálise existencial.

[5] Karl Jaspers, *23.2.1883 Oldenburg, †26.2.1969 Basileia. Mais importante representante da filosofia existencialista. Obras principais: *Psicopatologia geral* (Atheneu, 1979); *Filosofia da existência* (Imago, 1973).

[6] Gabriel Marcel, *7.12.1889 Paris, † 8.10.1973. Filósofo e dramaturgo francês, existencialista cristão.

Frankl em visita a Karl Jaspers

Frankl em visita a Ludwig Binswanger

# Conferências no mundo todo

Além de livros e artigos, gostaria também de falar sobre minhas conferências e aulas. Proferir conferências me dá grande prazer. Prepará-las, porém, não é sempre fácil. Para a conferência comemorativa promovida pela Universidade de Viena, rabisquei cerca de 150 páginas. E por isso mesmo não tinha um texto-base organizado. Entretanto, *sempre* falo de improviso.

Cedo ou tarde comecei a falar de improviso também em inglês, embora isso não queira dizer que meu inglês seja perto de perfeito.

Elli e eu não partimos do pressuposto de que seremos compreendidos nos Estados Unidos caso falemos em alemão. Em Montreal, um senhor sentou-se ao nosso lado num café e esfregou de maneira compulsiva a mesa um sem-número de vezes, limpou um sem-número de vezes os talheres, e continuou assim, durante minutos. Falei para Elli:

– Típico de um transtorno obsessivo-compulsivo grave, bem característico, um caso grave de fobia de bactérias – e sabe-se lá mais o que eu disse.

Na hora da saída, não encontramos meu sobretudo de pronto. Daí o canadense veio nos perguntar, num alemão impecável:

– Os senhores estão procurando alguma coisa? Posso lhes ser útil?

Sem dúvida ele ouviu tudo, todo meu parecer psiquiátrico sobre sua pessoa...

Claro que colecionamos montes de experiências engraçadas em viagens ao exterior. Na Califórnia, nos anos 1950, um jovem se aproximou para conversar comigo, querendo saber de onde eu tinha vindo.

Visita à casa de Eisenhower, a convite de sua viúva, Mamie

– De Viena – respondi. E ainda lhe perguntei, por precaução, se ele sabia onde fica Viena.
– Não – foi a resposta. Quis ajudá-lo, para que seu não conhecimento não pesasse na sua autoconfiança:
– Mas certamente você já ouviu falar sobre as valsas vienenses?
– Sim, mas ainda não aprendi a dançar.
Não desisti:
– Bem, com certeza você já ouviu falar de *Wiener Schnitzel*?[1]
– Já, mas nunca dancei isso.
Até hoje, fui convidado para palestras em mais de duzentas universidades fora da Europa, nos Estados Unidos, na Austrália, na Ásia e na África. Fiz cerca

---

[1] *Wiener Schnitzel*, escalope à moda de Viena, um dos pratos mais famosos da culinária austríaca. (N. T.)

de cem viagens aos Estados Unidos para dar palestras. Quatro voltas ao redor do mundo, entre elas uma no período de duas semanas. Como voei para Leste, ganhei um dia inteiro, e por isso pude dar quinze palestras em quatorze noites. Numa das noites eu estava falando em Tóquio e no dia seguinte, *numa noite com a mesma data*, em Honolulu. No meio estava o Pacífico.

A viúva do presidente Eisenhower me conhecia e me admirava apenas por meio dos meus livros. Ela enviou o médico particular da sua família e a mulher para Viena, a fim de convidar-nos, a minha mulher e a mim, para sua fazenda nas proximidades de Washington, D. C.

– Pelo amor de Deus, sobre o que vou conversar com os Frankl? – ela perguntou ao médico. – Estou tão nervosa.

– A senhora não precisa se preparar tanto para a conversa – foi a resposta.

Para se preparar para nossa visita, porém, ela insistiu em pedir aos funcionários da segurança que a acompanhavam em Gettysburg para assistir ao filme feito por ocasião de sua última visita a Viena. Ela queria memorizar palavras-chave como *Belvedere, Riesenrad, Steffel*[2] ou afins. Como lhe tinha sido dito, a conversa prescindiu delas. De início, ela nos pediu que a chamássemos por Mamie. E foi tocante ela nos mostrar não somente os presentes recebidos por autoridades – reais ou plebeias –, mas também aqueles que seu marido lhe dera ainda na época de cadete e, mais tarde, depois de ele ter começado a vida com poucos dólares, quando noivos (cujo valor só fazia aumentar com o tempo). Independentemente disso, foram raras – não consigo imaginar outras – minhas interlocutoras tão simples, além de espontâneas e calorosas, como essa primeira-dama.

No contexto das conferências, é claro que conhecemos não somente outras cidades, como também pessoas. Quando a Young Presidents Organization (YPO) reservou o Hilton de Roma por uma semana para sediar por lá sua "universidade", ela também convidou três oradores interessantes: o astronauta Walter Schirra, o filho do último imperador austríaco, Otto Habsburg, e o neurologista Viktor Frankl.

O americano típico faz uma imagem da reputação de um conferencista a partir do honorário que lhe é oferecido – hoje as ofertas chegam a dez mil dólares.

---

[2] Pontos turísticos de Viena (museu, roda-gigante e catedral, respectivamente). (N. T.)

Refiro-me a isso para falar sobre *minha postura em relação ao dinheiro*. O dinheiro me interessa verdadeiramente pouco; sou da opinião de que deveríamos ter dinheiro, mas o verdadeiro sentido de ter dinheiro é não precisar pensar... em dinheiro.

Foi diferente na infância. Mal minha irmã Stella recebia uma moeda de dez heller de nosso tio Erwin, eu a convencia de que suas amígdalas estavam inchadas, e que precisaria removê-las cirurgicamente. Eu escondia uma bolinha vermelha numa das mãos e aproximava com a outra uma tesoura da sua garganta. Depois de um ruído adequado, eu lhe apresentava a bolinha vermelha como uma amígdala e cobrava dez heller de honorários pela cirurgia. Assim eu conseguia dinheiro.

O casal Frankl por ocasião do "Baile americano" no castelo Schönbrunn
(ao fundo, bem à direita, o "anfitrião" Dr. Otto von Habsburg, filho do último imperador)

Dizemos que tempo é dinheiro. Para mim, o tempo é muito mais importante do que dinheiro. Quando o presidente da Universidade Cornell me ofereceu nove mil dólares por uma breve estada em seu campus e eu recusei, ele perguntou:

– É muito pouco?

– Não – respondi –, mas se o senhor me perguntasse o que eu gostaria de comprar com nove mil dólares, eu lhe diria: tempo, de preferência. Tempo para o meu trabalho. Então, se *disponho* agora de tempo de trabalho, então não vou *vendê-lo* ao senhor por nove mil dólares.

Bem, quando estou convencido de que uma palestra realmente faz sentido, então ela será dada mesmo sem honorários, se for o caso. Sim, estou disposto até mesmo a abrir mão de honorários previamente combinados, como no caso da agremiação estudantil de Ottawa, que queria cancelar no último instante uma palestra minha porque os seus patrocinadores desistiram.

A abrangência de minhas palestras não deve ser subestimada. Certa vez, na Universidade de Viena, tive de dar uma palestra "popular", com entrada franca. Quando entrei no auditório, havia mais interessados do que lugares. Daí, a palestra precisou ser transferida para outro auditório, maior. Fui até ele, mas esse lugar também se mostrou insuficiente. Por isso, fomos todos até o salão de festas, onde finalmente nos acomodamos. Já em 1947, uma palestra minha organizada por algum clube cultural, na sala de concertos de Viena, teve de ser repetida duas vezes. A propaganda boca a boca teve seu papel.

Foto de autoria do famoso fotógrafo americano Alfred Eisenstadt
(tirada no Prater, em Viena)

Nos Estados Unidos, a popularidade de *Man's search for meaning* é realmente grande, e isso pode ser certificado pelo fato de a Biblioteca do Congresso, em Washington, ter declarado *Man's search for meaning* "*one of the ten most influential books in America*" ["um dos dez livros mais influentes na América"].

Claro que a popularidade americana também tem seus limites. O Ministério de Relações Exteriores nos informou certa vez que um dos mais famosos fotógrafos americanos, Irving Penn, havia sido incumbido de fotografar Karajan, Wotruba e Frankl para uma reportagem sobre Viena. Esses supostamente são os únicos vienenses pelos quais as pessoas se interessam. O homem chegou a Viena de avião, apareceu com um assistente, fez mais de quatrocentas chapas da minha residência e foi embora, altamente satisfeito. Durante os próximos meses, fui algumas vezes aos Estados Unidos e solicitei as edições mais recentes da revista em questão. Nada da reportagem sobre Viena. Finalmente ela apareceu: imensas fotos em páginas desdobráveis dos cavalos lipizzanos e das tortas da [confeitaria] Demel – mas nada de fotos de Karajan, de Wotruba e de Frankl. Parece que não conseguimos competir com a torta Sacher!

O entusiasmo dos latino-americanos é inimaginável para os europeus. Quando minha mulher e eu chegamos a San Juan (capital de Porto Rico), os outros passageiros do avião não puderam desembarcar. Minha mulher e eu já tínhamos descido a escada, mas também não conseguimos ir em frente. Ficamos esperando durante um longo tempo. O que estava acontecendo? Um bloqueio policial – a televisão estava procurando em vão por dois passageiros chamados Frankl, para gravar a recepção programada para eles. Liberaram nossa passagem, pois não tínhamos aparência de famosos.

Num outro lugar da América Latina, a primeira-dama não deixou de aparecer nas três conferências que dei – cada uma delas com a duração de duas horas. E seu marido, o presidente do referido país, convidou-me para o café da manhã a fim de discutir comigo a situação cultural do seu país. Ambos tinham lido meus livros. Eu não contava essas histórias para ninguém na Europa. Ninguém acreditaria nelas. E por isso meu prazer é ainda maior ao escrevê-las aqui.

Excetuando-se minha cátedra na Universidade de Viena, seria digno de nota dizer que fui professor-visitante na Universidade Harvard em 1961, na Southern Methodist University em 1966 e na Duquesne University em 1972. A United States International University, entretanto, foi a primeira a criar, em 1970, uma cátedra de Logoterapia (fazendo que eu a ocupasse). Isso aconteceu em San Diego, Califórnia.

# Sobre envelhecer

Não reclamo por envelhecer. Gosto de dizer que o envelhecimento não me incomoda enquanto posso me convencer de que amadureço na mesma medida em que envelheço. E percebo isso quando não estou satisfeito com o manuscrito que dei por encerrado há duas semanas. É difícil prever a quantidade de processos de compensação que podem entrar em jogo.

Sempre me recordo do que me aconteceu durante a escalada de Preinerwand: meu guia era Naz Gruber, líder de expedições ao Himalaia. Ele estava sentado numa saliência de uma rocha, fazendo a segurança com a corda e acompanhando meu avanço. De repente, disse:

– Sabe, professor, não me leve a mal, mas quando olho para o senhor escalando, vejo que não tem mais nada de força e consegue compensar isso com uma técnica refinada. Devo admitir que dá para aprender a escalar com o senhor.

Pois bem, são as palavras de alguém que escala o Himalaia, e como não ficar convencido?

No fim das contas, envelhecer é um aspecto da transitoriedade da existência humana, mas essa transitoriedade é, na verdade, o único grande incentivo à responsabilidade, *ao reconhecimento da responsabilidade como traço básico e essencial da existência humana.* Por isso pode ser adequado repetir, junto a esse esboço autobiográfico, a máxima da Logoterapia que formulei certo dia num sonho e estenografei logo ao acordar, publicando-a em *Psicoterapia e sentido da vida: Viva como se já estivesse vivendo pela segunda vez, e como se na primeira vez você tivesse agido tão errado como está prestes a agir agora.*

O sentido da própria responsabilidade pode aumentar por meio dessa visão autobiográfica ficcional.

Frankl escalando, aos setenta anos, (a rocha) Lutterwand

# Audiência com o papa

Não devo ser parabenizado pelo sucesso que a Logoterapia pode ter alcançado. Como disse ao papa Paulo VI, durante uma audiência especial, à qual o Vaticano me convidou:

– Enquanto os outros enxergam apenas o que consegui e conquistei com dificuldade, ou, melhor dizendo, aquilo no qual fui bem-sucedido e deu certo, nessas horas eu tomo consciência do que eu tinha de fazer e *podia* fazer, mas não fiz. Resumindo: o que ainda estou devendo à misericórdia, que depois de me deixar ultrapassar os portões de Auschwitz, ainda me presenteou com 50 anos.

Quero aqui dar mais detalhes sobre minha audiência com o papa. Minha mulher me acompanhou, e ambos ficamos profundamente impressionados. Paulo VI nos cumprimentou em alemão e continuou em italiano, com um religioso servindo de tradutor. O papa reconheceu a importância da Logoterapia não só para a Igreja católica, mas para toda a humanidade. Mas ele também reconheceu meu comportamento no campo de concentração, embora, francamente falando, eu não sei a que ele se referia concretamente.

Quando nos despedimos, caminhando em direção à saída, ele recomeçou subitamente a falar em alemão e disse para mim, o neurologista judeu de Viena, literalmente:

– Por favor, reze por mim!

Foi comovente, emocionante! Só posso dizer o que sempre disse em relação a isso: que era possível reconhecer no homem a tortura das noites nas quais sua consciência tomou decisões que ele sabia perfeitamente que tornariam impopular não apenas sua pessoa, como também toda a Igreja católica. Mas ele não tinha opção. Seu rosto estava visivelmente marcado por essas noites insones.

Audiência especial com o papa Paulo VI

Estou totalmente consciente da "insuficiência de meus esforços", da qual falei de início. E da parcialidade que a Logoterapia carrega. Tal unilateralidade, porém, é inevitável. Foi Kierkegaard quem disse certa vez que quem tem um corretivo a oferecer *tinha* de ser parcial – "esforçadamente parcial". Ou como formulei na minha exposição final como vice-presidente do V Congresso Internacional de Psicoterapia, em 1961: "Enquanto não temos acesso à verdade absoluta, temos de nos contentar com o fato de que as verdades relativas se corrigem mutuamente, e temos também de ter a coragem da parcialidade. Na orquestra de múltiplas vozes da psicoterapia, temos não apenas o direito à parcialidade que permanece consciente de si mesma, como também somos obrigados a ela".

Meus ataques dirigem-se exclusivamente contra o cinismo que devemos aos niilistas e contra o niilismo que devemos aos cínicos. Trata-se de uma sucessão contínua de doutrinação niilista e motivação cínica. Para que esse círculo vicioso se rompa, é preciso *desmascarar o desmascarador*. O desmascaramento de uma psicologia profunda parcial, que se entende como "psicologia desmascaradora" e assim se denomina. Sigmund Freud nos ensinou a importância do desmascaramento. Mas acredito que é preciso parar em algum lugar, exatamente onde a "psicologia desmascaradora" é confrontada com algo que não pode mais ser desmascarado, pelo simples motivo de que é autêntico. O psicólogo, porém, que não consegue parar de desmascarar mesmo quando chega nesse ponto, desmascara apenas sua própria tendência inconsciente de desvalorizar o autêntico no ser humano, o humano no ser humano.

# O ser humano que sofre

Tenho de saber. Afinal, passei pela escola do psicologismo e pelo inferno do niilismo. Realmente é possível que, no fim das contas, todo aquele que desenvolve um sistema de psicoterapia descreve apenas a história da sua própria doença. É preciso perguntar apenas se ela também é representativa da neurose coletiva de seu tempo. Daí ele poderia dedicar seu sofrimento para outros, e daí sua doença poderia contribuir para imunizar os outros.

De modo algum, porém, tudo isso vale apenas para a neurose coletiva ou mesmo apenas para a neurose; isso vale muito mais para o ser humano que sofre.

A presidente do Instituto Alfred Adler de Tel Aviv comentou, por ocasião de uma conferência aberta, o caso de um soldado israelense muito jovem, que perdeu ambas as pernas na guerra do Yom Kippur. Era simplesmente impossível fazê-lo sair de sua depressão – ele estava cogitando até mesmo se matar. Até que certo dia ela o encontrou totalmente mudado, cheio de ânimo.

– O que aconteceu com você? – ela perguntou, surpresa.

Daí ele estendeu a ela a tradução hebraica de *Man's search for meaning*, dizendo:

– Esse livro mexeu comigo.

Parece que há algo como uma auto-"biblioterapia", e parece que a Logoterapia se presta especialmente a ela.

De vez em quando, alguém que passou pelas mesmas coisas que eu me *escreve*. Uma dessas pessoas certa vez anexou à sua carta uma imensa página de jornal com grandes fotografias. Tratava-se de Jerry Long, e o jornal era o *Texarkana*

*Gazette* de 6 de abril de 1980. Jerry Long tinha dezessete anos quando sofreu um acidente durante um mergulho. Com suas extremidades paralisadas, ele escreve à máquina com um pauzinho preso à boca, e com o ombro esquerdo aciona um aparelho com a ajuda do qual ele pode participar, acústica e visualmente, de um seminário que fica a alguns quilômetros de distância, na universidade onde estuda para se tornar psicólogo. Motivo? "Gosto das pessoas e quero ajudá-las", ele me escreve, e a decisão (espontânea) de me escrever é descrita assim: "Li *Man's search for meaning* com muito interesse. Embora minhas dificuldades pareçam ser de uma magnitude bem menor do que aquelas sofridas por você e seus companheiros, durante a leitura de seu livro acabei descobrindo diversas semelhanças entre elas. Novos *insights* e assuntos foram aparecendo mesmo por ocasião da quarta leitura. Apenas quem passa por isso sabe. Seu livro teve um impacto tão maior pelo fato de você ter vivido essas coisas... Eu sofri. Sem o sofrimento, porém, sei que o crescimento que alcancei teria sido impossível".

O que aparece aqui é o efeito catártico que surge não apenas do "livro como remédio terapêutico", mas também simplesmente da psicoterapia. E no contexto da problemática "Técnica e humanidade", não canso de citar ao público de minhas conferências e aulas, às vezes também aos leitores de meus livros, a história de uma ligação às três da manhã. Sou acordado a essa hora pelo telefone. Trata-se de uma mulher dizendo que acabou de tomar a decisão de se suicidar. E ela está um tanto curiosa para saber minha opinião. Bem, eu digo a ela o que sempre existe para se falar contra o suicídio, e discutimos todos os prós e contras durante tanto tempo até que eu consigo que ela me prometa não fazer nada por enquanto e aparecer às nove da manhã no meu consultório.

Ela apareceu pontualmente na clínica e me disse o seguinte:

– O senhor vai se enganar, doutor, se estiver achando que qualquer um dos argumentos que o senhor me apresentou essa noite tiveram o mínimo efeito sobre mim. Se alguma coisa me impressionou, foi o fato de eu tirar um homem do seu sono, e em vez de ficar bravo e brigar comigo, ele me escuta pacientemente por mais de meia hora e depois conversamos. A partir daí cheguei à conclusão de que, se isso existe, então quer dizer que é preciso dar mais uma chance à vida, à continuação da vida.

Nesse caso, uma relação humana tinha se estabelecido.

Certa manhã, cheguei à clínica e cumprimentei um pequeno grupo de professores, psiquiatras e estudantes americanos, que estavam em Viena com o intuito de realizar algumas pesquisas.

– O *Who's Who* nos Estados Unidos escolheu algumas pessoas e lhes pediu que resumissem numa frase o objetivo de sua vida. Também fui selecionado.

Todos se cumprimentam.

– O que os senhores acham que eu escrevi?

Todos ficam pensando. E daí um estudante de Berkeley responde de bate pronto:

– O senhor escreveu que o sentido de sua vida era ajudar os outros a ver o sentido de suas vidas.

Exato. Foi precisamente isso que escrevi.

Elli, a mulher de Frankl, em 1949

Gabriele, filha de Frankl, com o marido Franz Vesely (1966)

# Comentários finais

1946. Acompanhado por minha equipe médica, faço a visita ao meu departamento (de neurologia) na Policlínica de Viena.

Estou saindo de um dos quartos e me dirijo a outro. Uma jovem enfermeira se aproxima de mim e me pede, em nome de seu chefe (da cirurgia de maxilar), um assim chamado "leito de hóspede" na minha área para um paciente recém-operado. Eu concordo, ela se afasta com um sorriso agradecido e daí me volto para meu assistente e pergunto:

– Você viu esses olhos...?

Em 1947 ela se tornou minha mulher. Eleonore Katharina, nascida Schwindt.

Gabriele é nossa filha; Franz Vesely (professor de Física na Universidade de Viena), nosso genro; Katharina e Alexander, nossos netos.

Elli Frankl em 1964

Katja e Alexander Vesely, netos de Frankl, representando o avô
no 9º Congresso Mundial de Logoterapia, em Toronto (1993)

# Sobre Viktor Frankl [1]

Viktor E. Frankl foi professor de Neurologia e Psiquiatria na Universidade de Viena, além de lecionar nos Estados Unidos, tanto em Harvard quanto nas universidades em Dallas e Pittsburgh. A U. S. International University na Califórnia criou, especialmente para ele, uma cátedra de Logoterapia – o método psicoterapêutico criado por Frankl, também chamado de "Terceira Escola Vienense de Psicoterapia" (depois da Psicanálise de Sigmund Freud e a Psicologia Individual de Alfred Adler). Universidades do mundo todo concederam a Frankl 29 títulos de doutor *honoris causa*. A Áustria o distinguiu com sua mais alta honraria, destinada a conquistas no campo da ciência. A Academia Austríaca das Ciências elegeu-o membro honorário.

Frankl foi diretor da Policlínica Neurológica de Viena durante 25 anos ininterruptos.

Seus 39 livros foram publicados em 38 línguas – incluindo japonês, chinês e russo. A edição americana de *Man's search for meaning* vendeu mais de nove milhões de exemplares. Segundo a Biblioteca do Congresso, em Washington, trata-se de "um dos dez livros mais influentes dos Estados Unidos". Esse livro está disponível em alemão pela editora dtv, com o título ... *trotzdem Ja zum Leben sagen (Ein Psychologe erlebt das Konzentrationslager)* [... apesar de tudo, sim à vida. Um psicólogo no campo de concentração].

Sua última conferência na Universidade de Viena aconteceu no ano de 1995.

---

[1] Fonte: Instituto Viktor Frankl, Langwiesgasse 6, A-1140 Viena; http://www.viktorfrankl.org

## Outras obras relacionadas:

Testamento intelectual de Viktor Emil Frankl, este livro narra fatos marcantes de sua vida. Sua autobiografia apresenta revelações que vão desde o extremo do sofrimento humano nos anos em que foi prisioneiro em quatro campos de concentração nazistas até o pleno reconhecimento de seu trabalho como filósofo, psiquiatra e psicoterapeuta. Nesta obra da maturidade, ele olha retrospectivamente para a própria vida e conta histórias nunca contadas antes.

A obra reúne a série de conferências sobre Hitler e o nazismo proferidas por Voegelin na Universidade de Munique em 1964. Trata-se de uma das análises mais lúcidas e profundas do fenômeno totalitário. Ao negar o lugar-comum da "culpa coletiva", Voegelin apresenta o que chama de instrumentos de diagnóstico, analisa a relação entre a igreja, a academia e o direito com o nazismo e, por fim, aponta a direção de uma possível restauração da ordem.

facebook.com/erealizacoeseditora
twitter.com/erealizacoes
instagram.com/erealizacoes
youtube.com/editorae
issuu.com/editora_e
erealizacoes.com.br
atendimento@erealizacoes.com.br